Heimatatlas
Thüringen

Vom Bild zur Karte

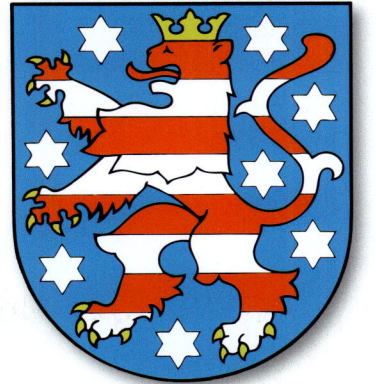

VOLK UND WISSEN

2 Eine Schule in Bild und Plan – Von der Ansicht zum Schrägluftbild

Hier siehst du zwei Fotos einer Schule, die von unterschiedlichen Stellen aufgenommen wurden. Das Foto 1 wurde vom Schulhof aus gemacht. Es ist ein **Ansichtsbild**, das die Vorderseite des Schulgebäudes zeigt. So sieht es aus, wenn man selber vor der Schule stehen würde.

Beim Foto 2 hat der Fotograf in einem Flugzeug die Schule überflogen. Dabei hat er das Schulgebäude aus 100 Metern Höhe schräg von vorn aufgenommen. Es ist ein **Schrägluftbild**.

1. Vergleiche Ansichtsbild und Schrägluftbild:
- Mit welchem Foto kannst du dir besser das Aussehen des Schulgebäudes vorstellen?
- Welches der beiden Fotos gibt dir eine bessere Möglichkeit, die Höhe der Bäume zu schätzen?
- Welches Foto gibt einen besseren Überblick vom Schulgebäude?
- Welche Teile des Schulgebäudes erkennst du nur auf dem Schrägluftbild?

1 *Ansichtsbild*

2 *Schrägluftbild*

Von der Draufsicht zum Plan 3

Das Foto 3 wurde in etwa 300 Metern Höhe als Draufsicht direkt über dem Schulgebäude aufgenommen. Es ist ein **Senkrechtluftbild** des Schulgebäudes mit der angrenzenden Umgebung.
Abbildung 4 zeigt einen **Plan**. Es ist derselbe Ausschnitt dargestellt wie im Senkrechtluftbild. Der Plan zeigt Häuser, Wege, Straßen, Grünanlagen und Bäume in ihrem Grundriss. Er verwendet zur Darstellung unterschiedliche Farben, Linien und Zeichen in verschiedener Größe.

1. Ermittle, was die Ziffern 1 bis 5 im Plan bezeichnen. Lege eine Tabelle an:
   Nr. | Bedeutung
2. Erkläre, was die verschiedenfarbigen Flächen im Plan bedeuten. Das Senkrechtluftbild hilft dir.
3. Lege einen Plan deiner Schule an. Verwende dieselben Farben wie in der Abbildung 4.

3 *Senkrechtluftbild*

4 *Plan*

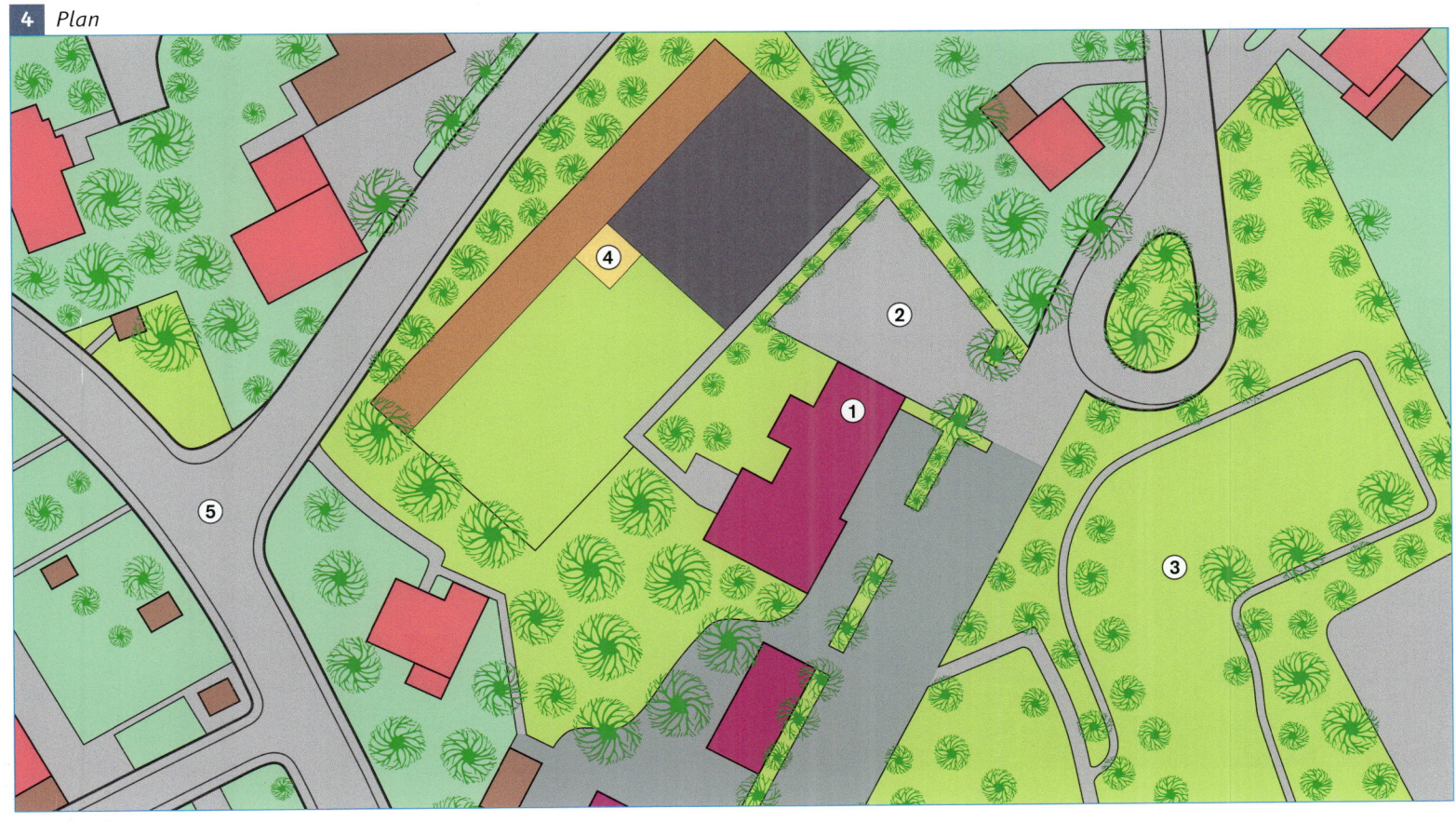

1 : 1000   0 10 20 30 40 50 m   1 cm ≙ 10 m

© Cornelsen

4 Der Maßstab und seine Veränderung

Die Senkrechtluftbilder 1 bis 3 sind aus unterschiedlichen Höhen aufgenommen worden. Je größer die Höhe ist, umso größer ist der Landschaftsausschnitt, aber umso kleiner sind die Häuser, Straßen, Bäume usw.
Der **Maßstab** gibt die Verkleinerung gegenüber der Wirklichkeit an. Entspricht 1 cm in der Karte 100 Metern (= 10 000 cm) in der Wirklichkeit, so sind die Karteninhalte 10 000-fach verkleinert. Der Maßstab heißt 1 : 10 000.

1. Beschreibe die Auswirkungen der unterschiedlichen Maßstäbe auf das Aussehen der Gebäude und Straßen in den Bildern und den Karten.

Erklärung der Farben in den Karten

- Schule
- Schulhof
- Wohnhaus
- Garage
- Kirche, Kindergarten
- Park
- Gärten
- Gewerbefläche
- Ackerland
- Wiese
- Wald
- Straße

1 Senkrechtluftbild und Karte 1 : 2500

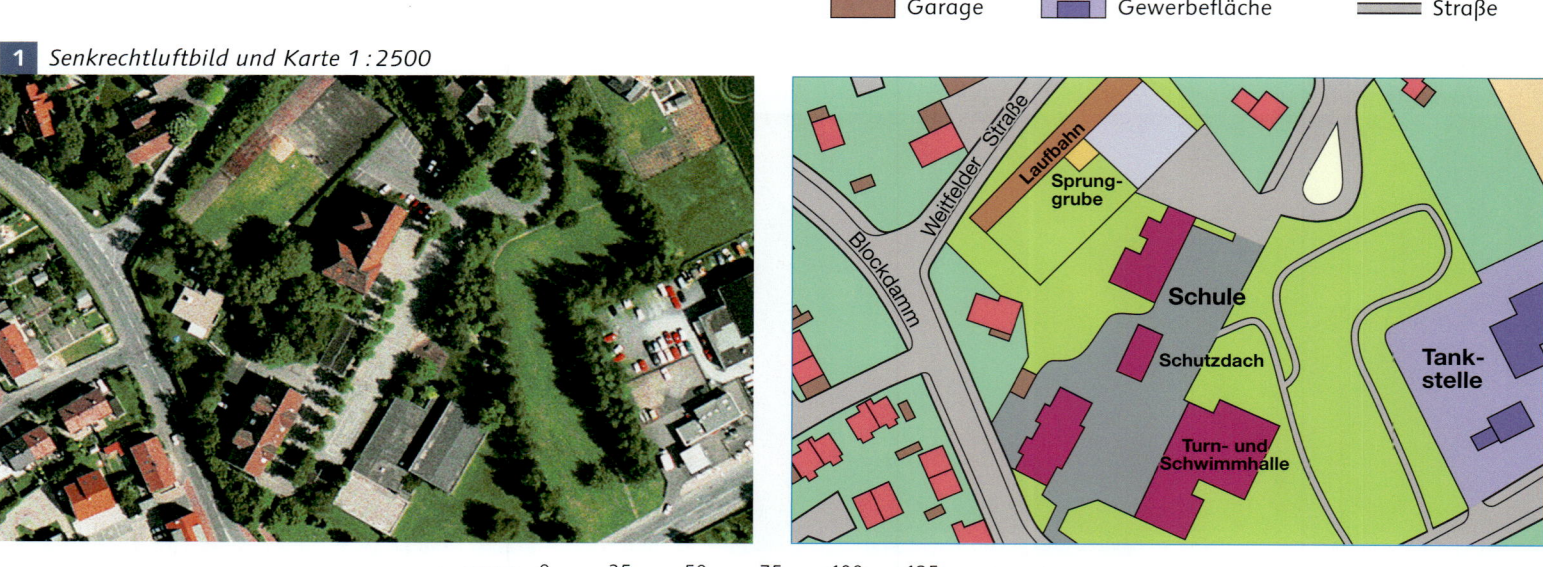

1 : 2500   0   25   50   75   100   125 m   1 cm ≙ 25 m

1 cm in Luftbild oder Karte entspricht 25 Metern in der Wirklichkeit

2 Senkrechtluftbild und Karte 1 : 5000

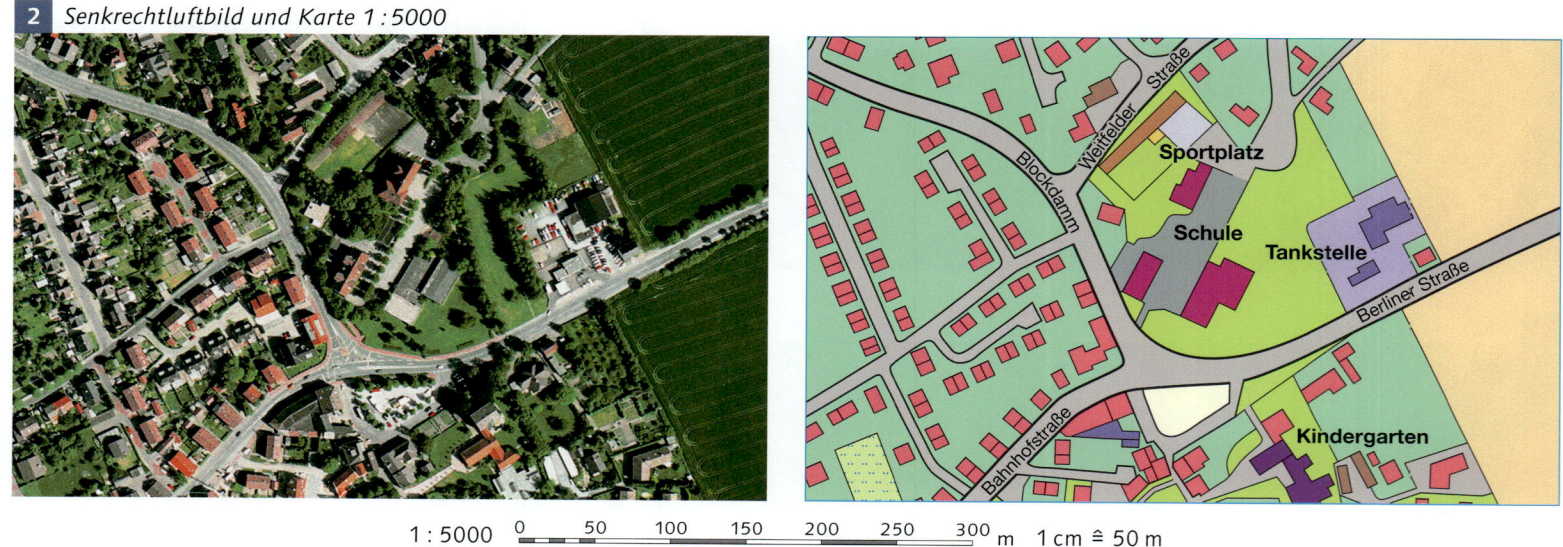

1 : 5000   0   50   100   150   200   250   300 m   1 cm ≙ 50 m

1 cm in Luftbild oder Karte entspricht 50 Metern in der Wirklichkeit

3 Senkrechtluftbild und Karte 1 : 10 000

1 : 10 000   0   100   200   300   400   500   600 m   1 cm ≙ 100 m

1 cm in Luftbild oder Karte entspricht 100 Metern in der Wirklichkeit

Einführung in den Stadtplan: Rudolstadt

Zur Einführung in das Lesen von Karten sind in diesem Atlas verschiedene Kartenbeispiele zu sehen. Auf dieser Seite werden Hinweise zum Verständnis eines Stadtplans gegeben. Abbildung 1 zeigt *Rudolstadt* im **Schrägluftbild**, Abbildung 2 im Stadtplan.

Ein **Stadtplan** zeigt den Grundriss einer Siedlung (Gebäude, Straßen und Plätze). Karteninhalte werden in der **Legende** erklärt.

1. Lege eine Tabelle an und notiere, was die Ziffern 1 bis 6 zeigen.

   Nr. | Bedeutung

2. Mithilfe welcher auffälligen Gebäude kann man sich in Rudolstadt orientieren?

3. Miss den Abstand zwischen dem Schloss Heidecksburg und dem Hauptbahnhof mit einem Lineal und berechne die Entfernung. Nutze dazu den Maßstab.

1 Schrägluftbild

2 Stadtplan

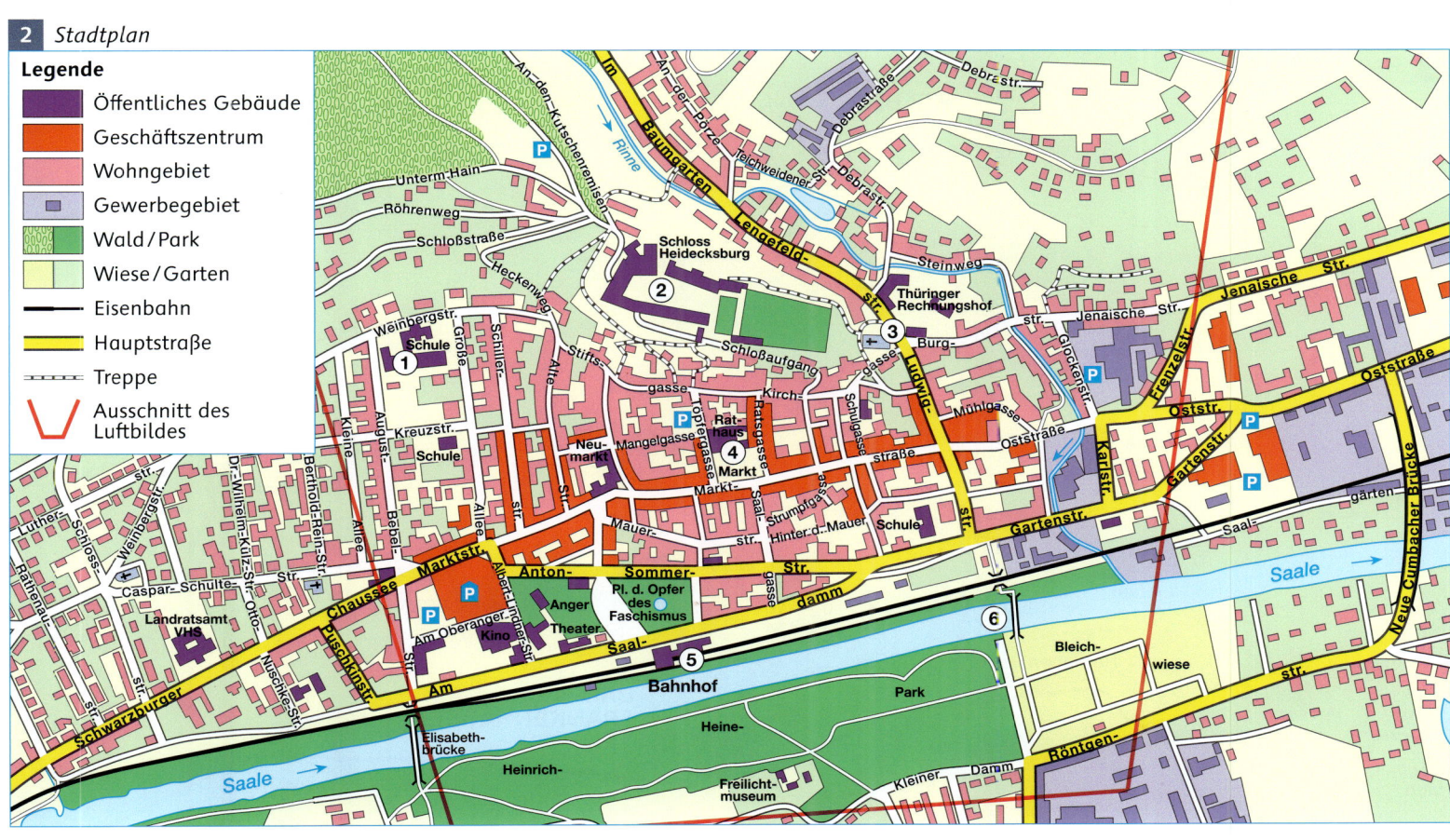

1 : 10 000   0 100 200 300 400 500 600 m   1 cm ≙ 100 m

© Cornelsen

6 Einführung in die physische Karte: Kyffhäusergebirge

Abbildung 1 zeigt einen Teil des Kyffhäusergebirges im **Schrägluftbild**, das von einem Flugzeug aufgenommen wurde. In der Mitte des Bildes ist das Kyffhäuserdenkmal zu sehen. Abbildung 2 ist eine **physische Karte**, in der das gesamte Kyffhäusergebirge dargestellt ist. Physische Karten dienen als Grundlage zur Orientierung. Sie zeigen die Oberflächengestalt, Gewässer, Siedlungen und Verkehrswege.

1. Beschreibe mithilfe des Fotos die Landschaft.
2. Welche Merkmale dieser Landschaft findest du in der physischen Karte wieder, welche nicht?

Zeichenerklärung:
- Siedlung
- Landesgrenze
- Bundesstraße
- Andere Straße
- Eisenbahnlinie mit Bahnhof
- 331 Höhenpunkt mit Höhenzahl
- Fluss, Bach
- See, Teich
- Sumpf, nasser Boden

Landhöhen: 400 m, 300 m, 250 m, 200 m, 150 m, 0 m

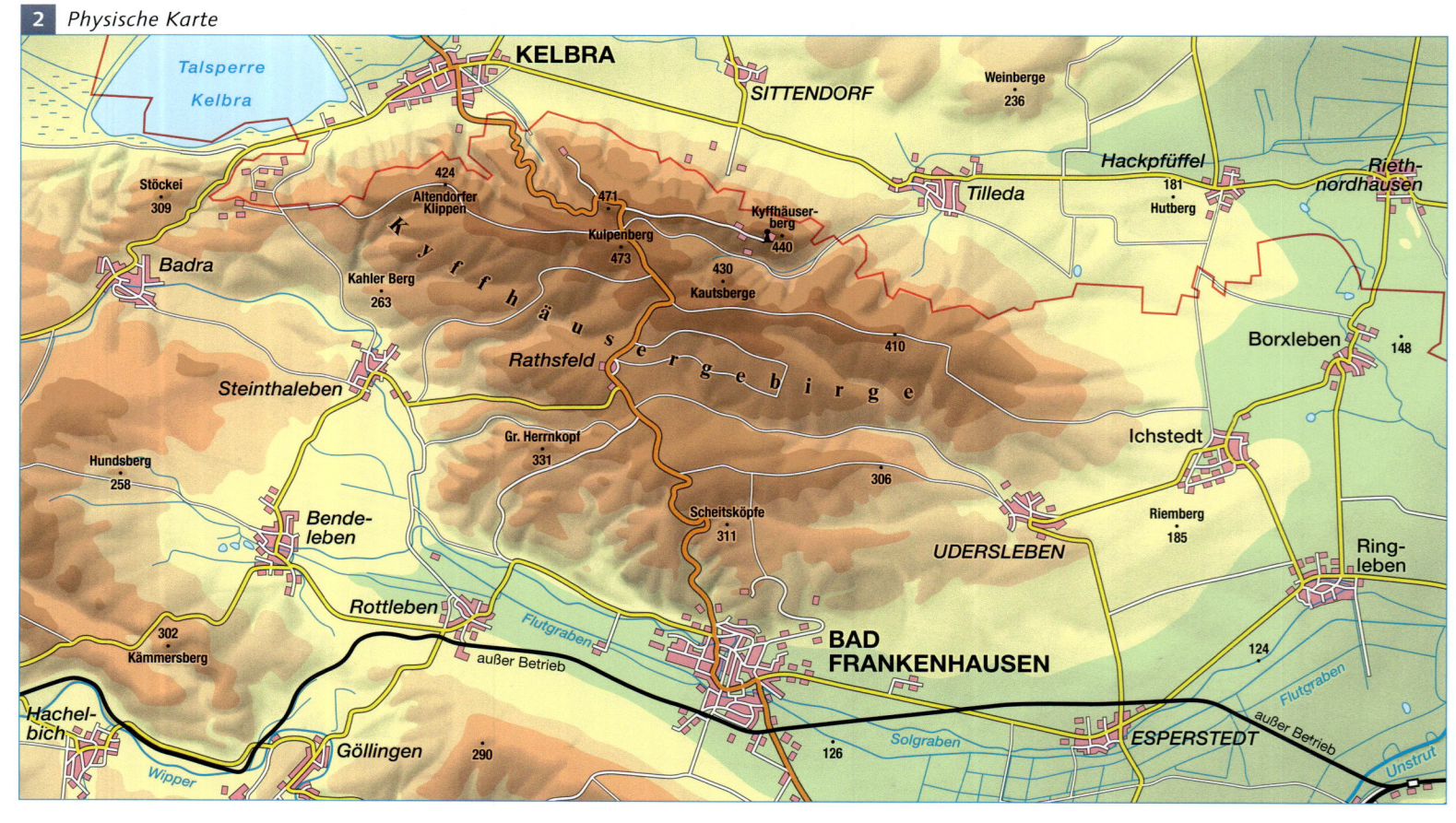

1 Schrägluftbild

2 Physische Karte

1 : 100 000 0 1 2 3 4 5 km 1 cm ≙ 1 km

© Cornelsen

Kartographische Darstellung der Oberflächengestalt

In Abbildung 3 lassen sich Farbflächen mit unterschiedlichen Farben erkennen. Es sind **Höhenschichten** der Erdoberfläche. Sie werden begrenzt durch **Höhenlinien**. In dieser Karte sind die Höhenlinien in einem Abstand von 50 Metern eingetragen. Die Höhenschichten gliedern das dargestellte Gebiet nach der Höhe in Farben von Grün über Gelb nach Braun. Durch eine Schattenzeichnung, die **Schummerung** (Abbildung 4), werden Oberflächenformen wie Berge, Hügel oder Täler verdeutlicht.

1. Finde den höchsten Punkt in der physischen Karte (Abbildung 2). Wie heißt er und wie hoch ist er?
2. Du planst eine Wanderung von *Ichstedt* zum *Kyffhäuser*. Stelle fest:
- Wie weit ist der Kyffhäuser ungefähr von Ichstedt entfernt?
- Welchen Höhenunterschied musst du auf deiner Wanderung überwinden?

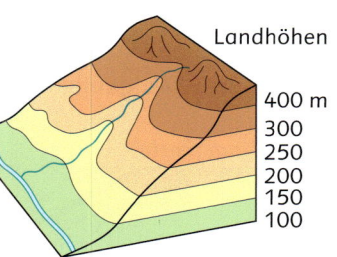

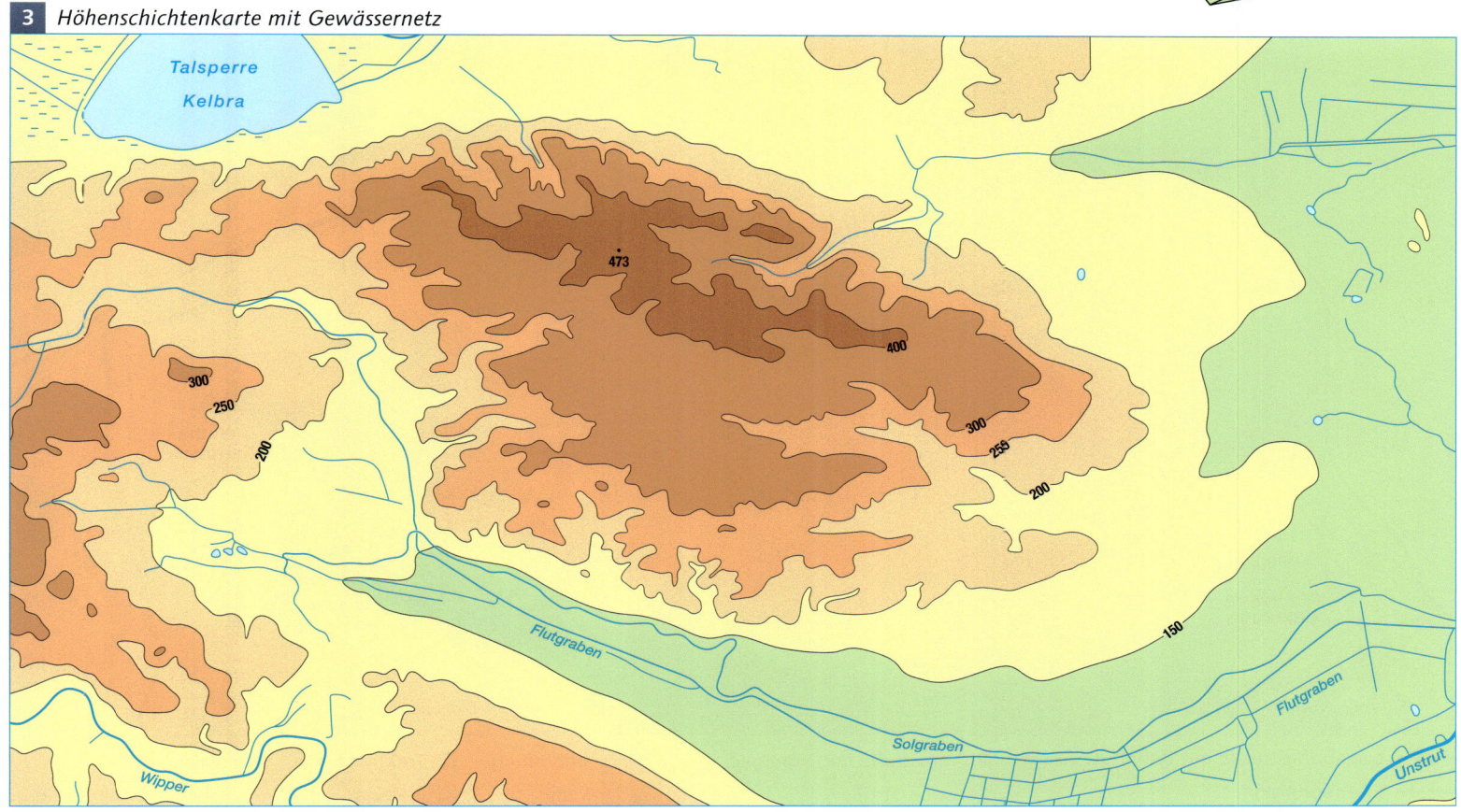

3 Höhenschichtenkarte mit Gewässernetz

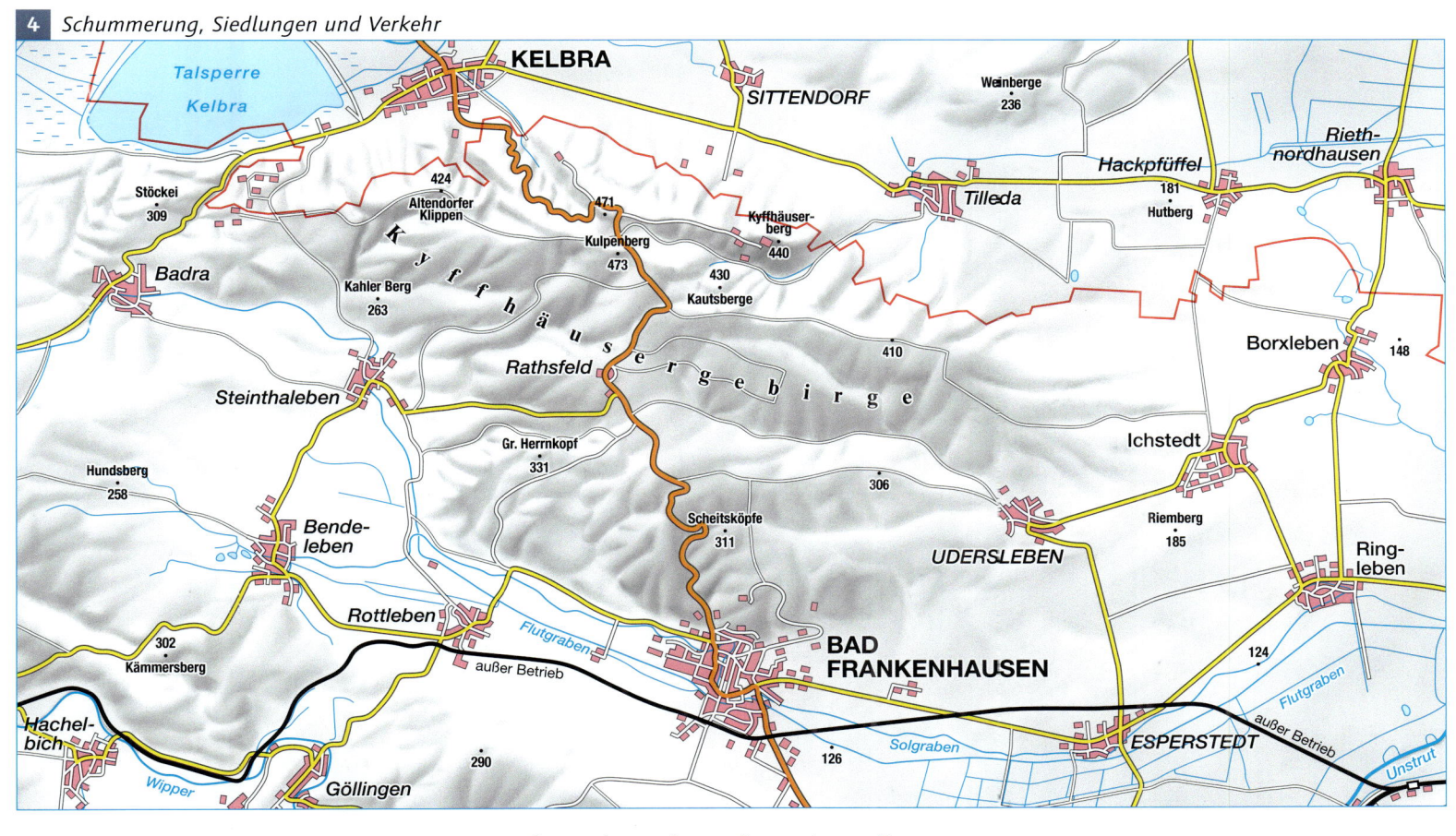

4 Schummerung, Siedlungen und Verkehr

1 : 100 000 1 cm ≙ 1 km

8 Einführung in die Wanderkarte: Thüringer Wald bei Eisenach

Außer physischen Karten gibt es auch **thematische Karten** wie zum Beispiel **Wanderkarten**. Auf den nächsten Seiten lernst du noch andere thematische Karten kennen. Jeder Kartentyp hat seine eigenen Kartenzeichen, auch **Signaturen** genannt. Eine Wanderkarte enthält eine Reihe von Signaturen für Sehenswürdigkeiten und für Freizeitangebote.

1. Plane eine Wanderung von *Mosbach* zur *Wartburg*. Ermittle die Entfernung der Strecke. Gehe zunächst vom denkbar kürzesten Weg aus.
2. Nenne Sehenswürdigkeiten auf dem gewählten Weg zur Burg. Nenne weitere lohnenswerte Ziele, die du findest, wenn du einen anderen Wanderweg benutzt.

1 *Wanderkarte*

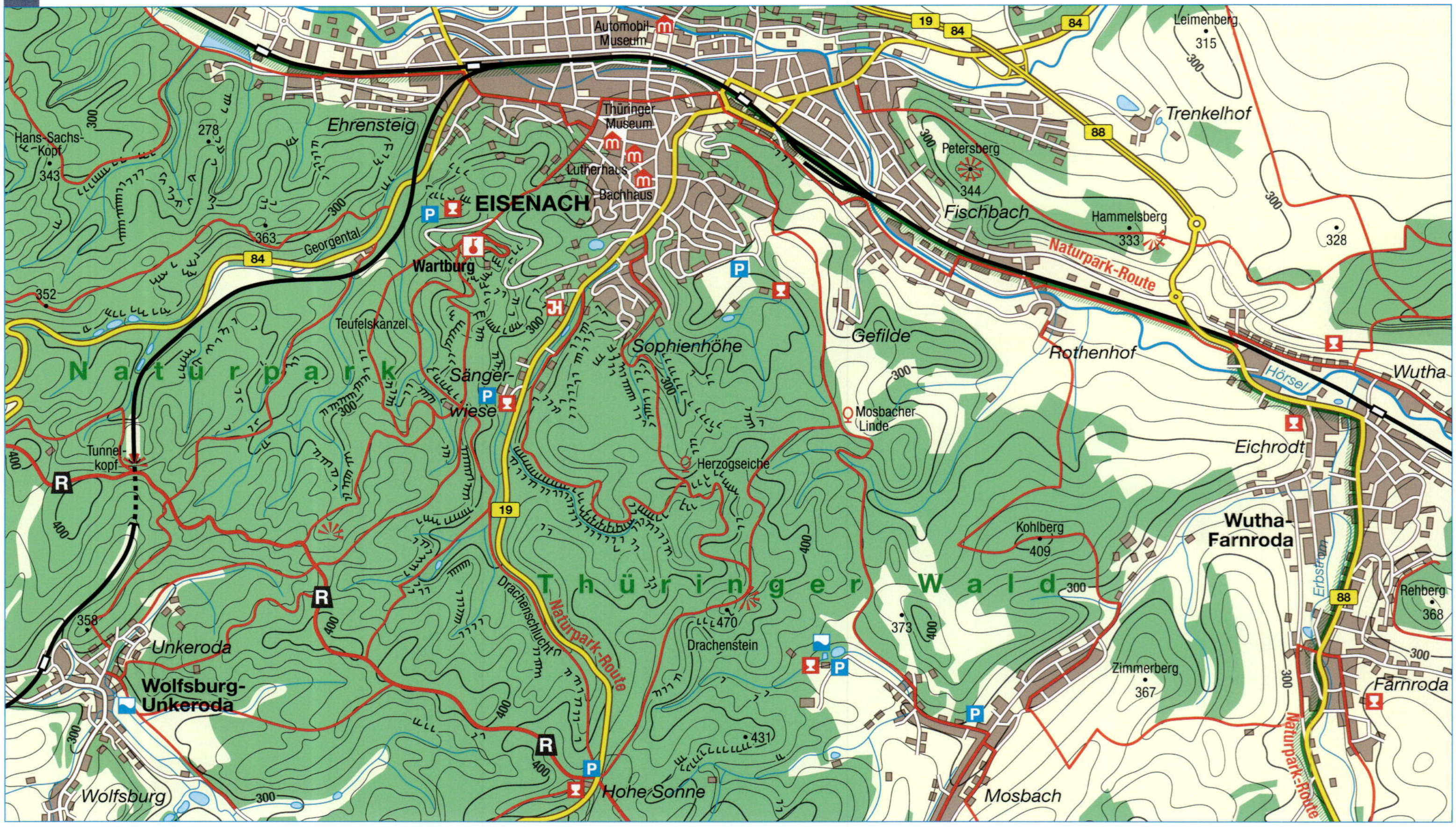

Eisenbahnstrecke mit Bahnhof	Bundesstraße mit Nummer	Bebauung · Parkplatz · Museum
Eisenbahntunnel	Sonstige Straße	Wald · Freibad · Herausragender Baum
Schnellstraße mit Nummer	Wanderweg · Rennsteig	Felsen · Gaststätte · Naturparkgrenze

1 : 50 000   0 1 2 3 4 km   1 cm ≙ 500 m

2 *Burg*

4 *Museum*

3 *Wanderweg*

5 *Aussichtspunkt*

© Cornelsen

Einführung in die Wirtschaftskarte: Östlicher Thüringer Wald

Wirtschaftskarten sind auch thematische Karten. Sie geben Auskunft über die Landwirtschaft, die Industrie oder den Bergbau eines Gebietes. Oft unterstützen Signaturen das Lesen der Karte. So kennzeichnet beispielsweise in dieser Wirtschaftskarte ein Zahnrad die Maschinenindustrie oder ein Glas die Glas- und Keramikindustrie.

1. Welcher Industriezweig kommt in der Karte am häufigsten vor. Zähle dazu die Wirtschaftssignaturen
2. Untersuche die Stadt *Suhl* als Industriestandort. Nenne Industriezweige, die in der Stadt vertreten sind.
3. Suche Gemeinsamkeiten und Unterschiede der Industrieansiedlung in den Städten *Meiningen* und *Ilmenau*.

1 *Wirtschaftskarte*

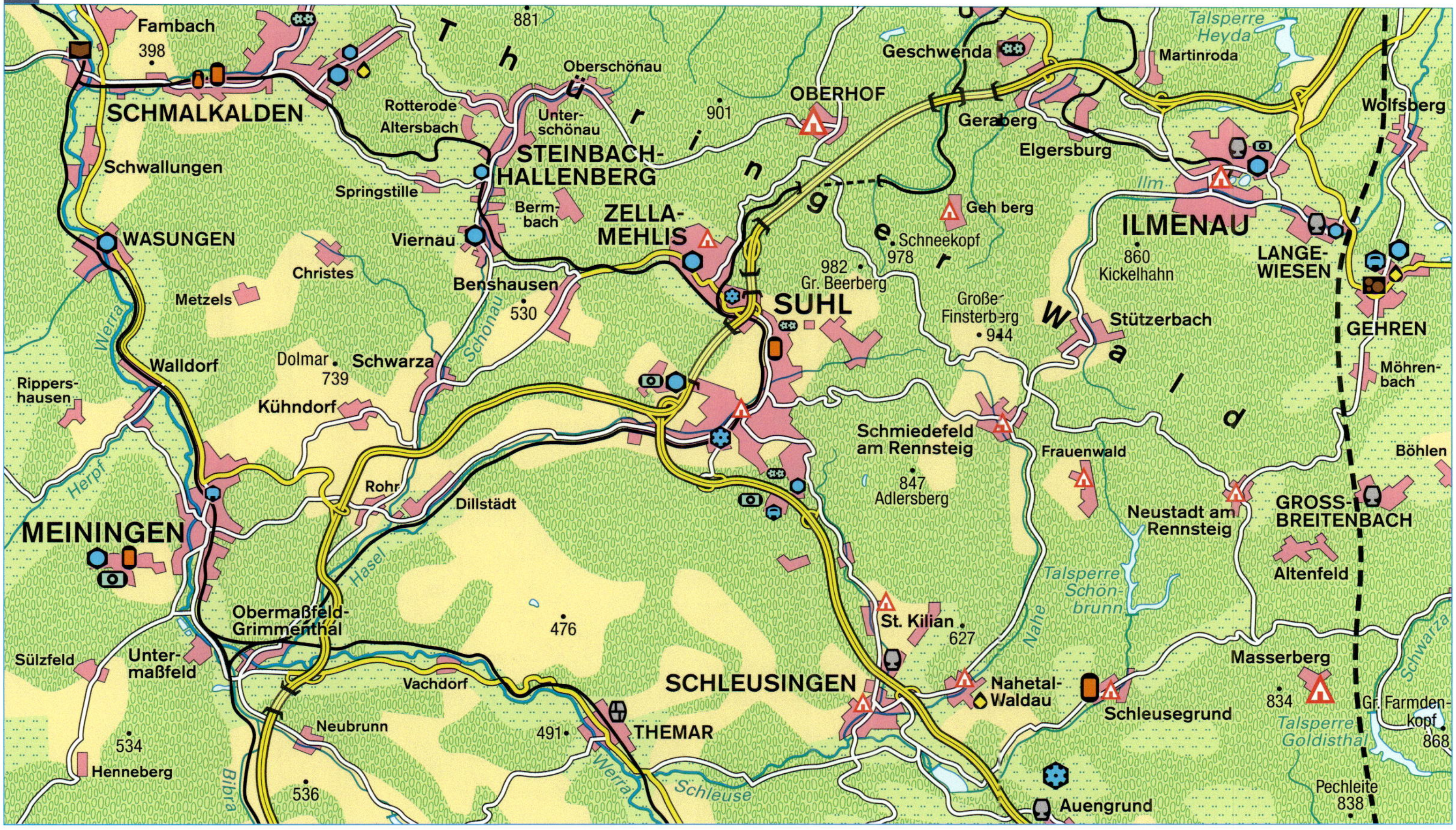

Wald	Metallverarbeitung	Lokomotivenbau	Kunststoffindustrie	Glas- und Keramikindustrie
Wiese	Maschinenbau	Elektronikindustrie	Papierindustrie	Getränkeindustrie
Acker	Fahrzeugbau	Feinmechanische Industrie	Spielzeugindustrie	Baustoffindustrie
			Lebensmittelindustrie	Fremdenverkehrsort

1 : 250 000   1 cm ≙ 2,5 km

2 *Glas- und Keramikindustrie (Porzellanherstellung)*

4 *Elektronikindustrie (CD-ROM-Herstellung)*

3 *Fahrzeugbau (Mopedherstellung)*

5 *Getränkeindustrie (Limonadenherstellung)*

10 Einführung in die Geschichtskarte: Thüringen vor 900 Jahren

Geschichtskarten haben Themen aus vergangenen Zeiten zum Inhalt. Wo heute der Freistaat Thüringen liegt gab es im Jahr 1100 ganz andere Gebietseinteilungen mit anderen Grenzverläufen als heute: **Herzogtümer**, **Grafschaften** und **Markgrafschaften**, deren Herrscher Herzöge, Grafen und Markgrafen waren.

1. Nenne die Gebiete, von denen die Grafschaft Thüringen im Jahr 1100 umgeben war.
2. **Burgen** und **Schlösser** halfen den damaligen Herrschern, ihr Land zu regieren und gegen Feinde zu verteidigen. Einige sind heute noch erhalten. Welche von ihnen kennst du oder hast du sogar selber schon gesehen?

1 Burg Ranis bei Pößneck

2 Kloster Paulinzella bei Ilmenau

Thüringen: Früher und heute 11

Der Freistaat **Thüringen** besteht erst seit 1990 als eines von 16 **Bundesländern** in Deutschland. Karten 1 und 2 zeigen dir die Aufteilung und die politische Zugehörigkeit in früheren Zeiten: Im Deutschen Kaiserreich 1871 bis 1918 und zur Zeit der DDR 1952 bis 1990.
Zu Thüringen gehören heute 17 **Landkreise** und 6 **kreisfreie Städte**. **Landeshauptstadt** ist Erfurt.

1. Erstelle eine Tabelle, in der die siebzehn Landkreise und die dazugehörigen Kreisstädte enthalten sind:
Nr. | Landkreis | Kreisstadt

2. Jeder Landkreis und jede kreisfreie Stadt haben ein eigenes Kfz-Kennzeichen. Ordne ihnen das richtige Kürzel zu:

ABG AP EA EF EIC G GRZ GTH HBN IK J KYF
NDH SHK SHL SLF SM SOK SÖM SON UH WAK WE

12 Thüringen: Physische Karte

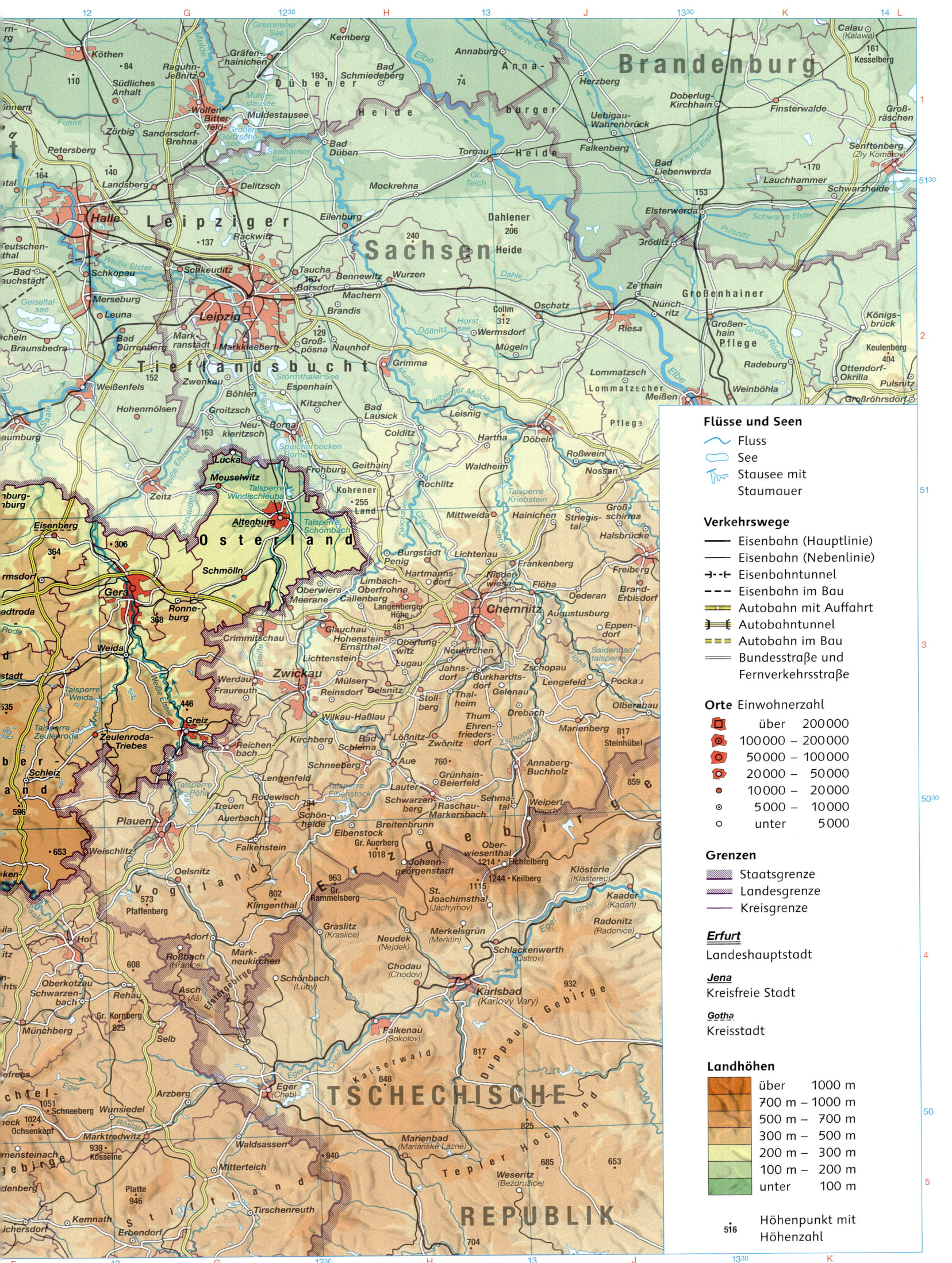

Nördliches Thüringen und Thüringer Becken: Regionalkarte

Thüringer Wald und Vorland: Regionalkarte

Östliches Thüringen: Regionalkarte

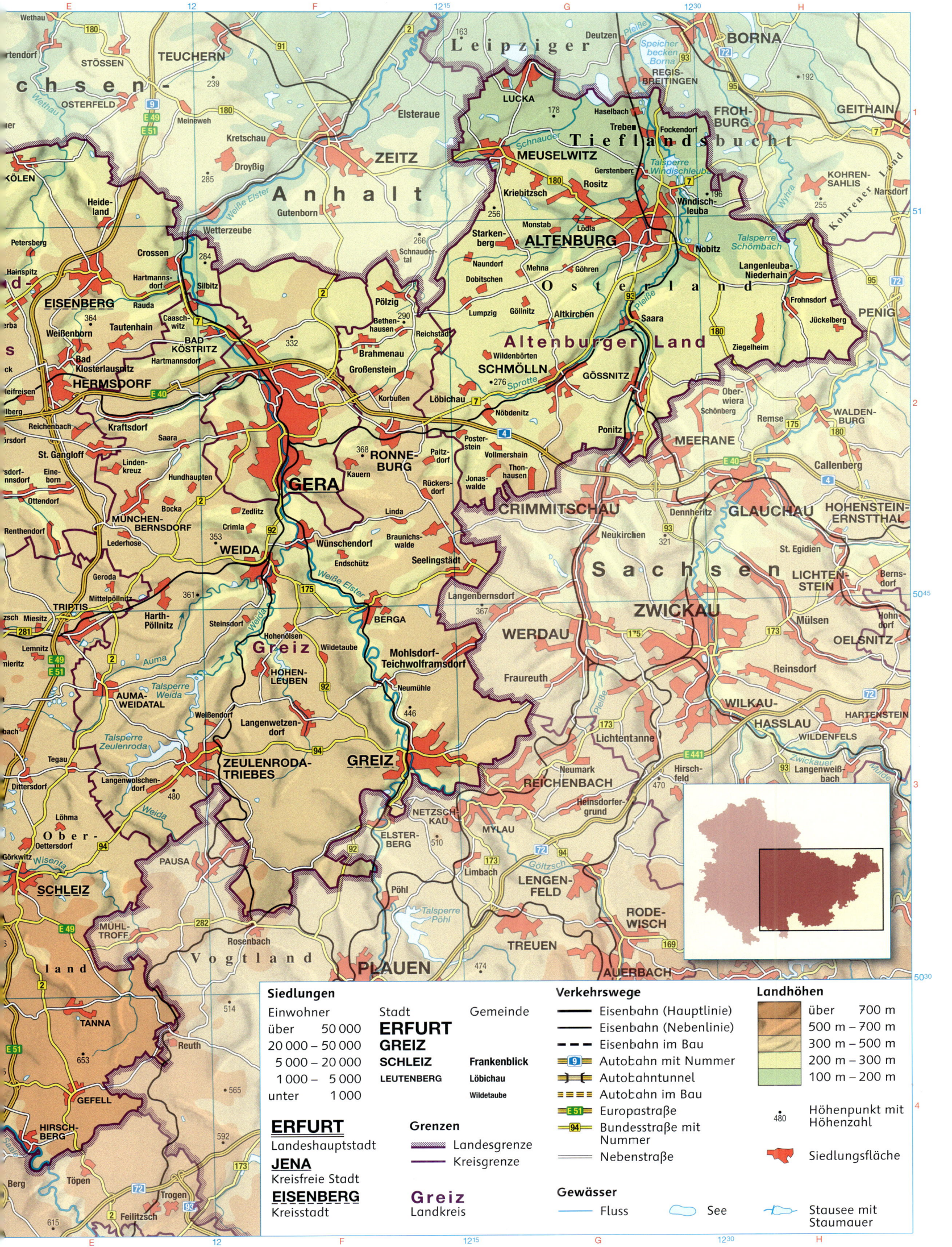

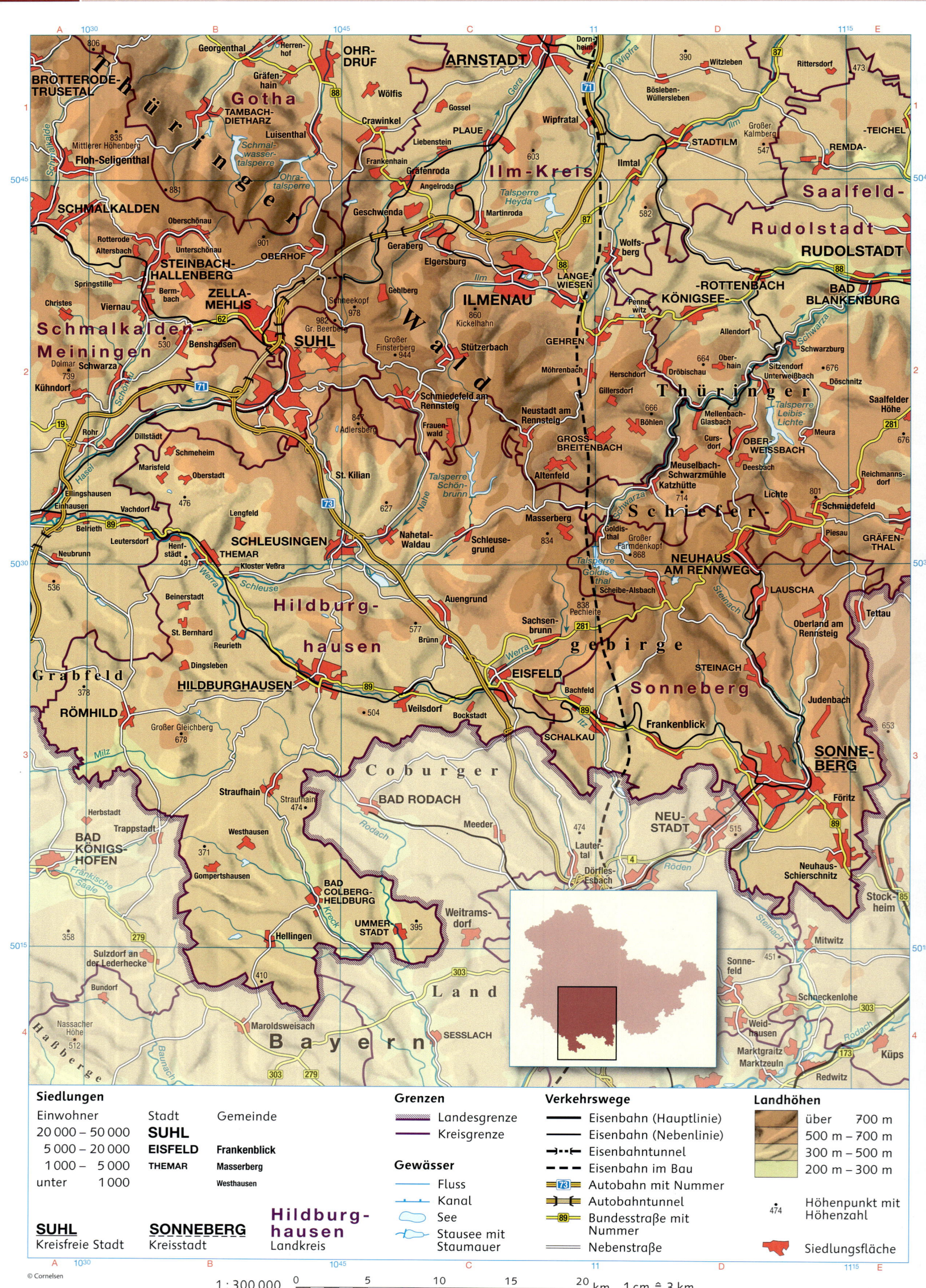# Südliches Thüringen: Regionalkarte

Thüringen: Klima 21

Wesentliche Merkmale des **Klimas** eines Ortes oder Gebietes sind die **Temperaturen** und **Niederschläge**, die über einen längeren Zeitraum gemessen werden.
Die Region mit den wenigsten Niederschlägen ist das Thüringer Becken. Weil das Becken ringsum von Mittelgebirgen geschützt ist, ist das Klima dort milder. Es regnet und schneit weniger als in den Mittelgebirgen und die Temperaturen sind höher als zum Beispiel im Thüringer Wald.

1. Finde in der Karte den Ort mit der höchsten und den Ort mit der niedrigsten Temperatur. Nenne mögliche Ursachen, warum es dort so warm oder so kalt sein könnte.

2. Welches ist das Gebiet mit den meisten Niederschlägen in Thüringen? Was könnten die Gründe sein, warum es hier mehr Regen und Schnee gibt?

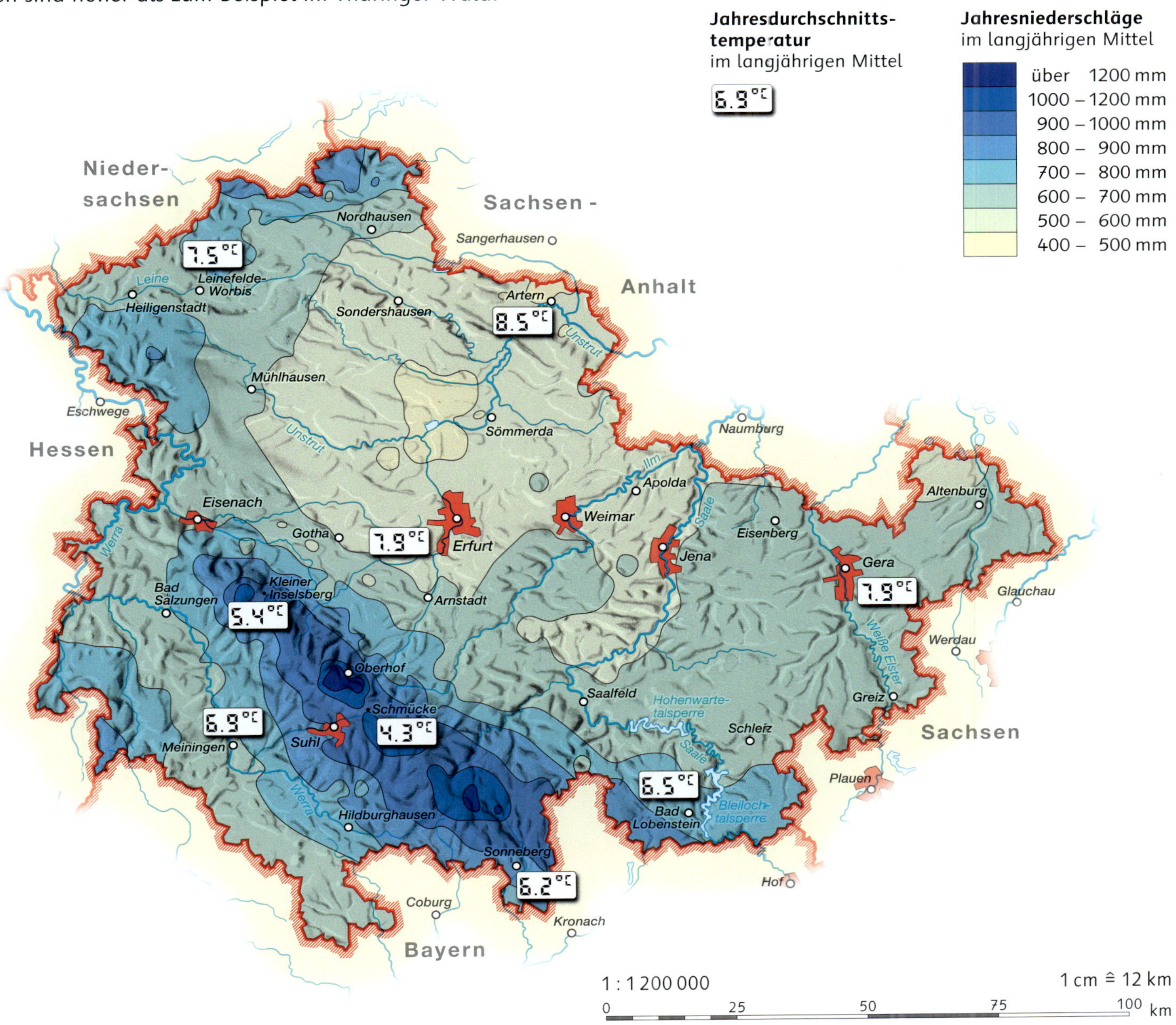

Jahresdurchschnittstemperatur im langjährigen Mittel: 6.9 °C

Jahresniederschläge im langjährigen Mittel:
- über 1200 mm
- 1000 – 1200 mm
- 900 – 1000 mm
- 800 – 900 mm
- 700 – 800 mm
- 600 – 700 mm
- 500 – 600 mm
- 400 – 500 mm

1 : 1 200 000   1 cm ≙ 12 km

1 Bleilochtalsperre bei Saalburg im Sommer

2 Winterlandschaft bei Oberhof

© Cornelsen

22 Thüringen: Landwirtschaft

Ungefähr die Hälfte der Fläche Thüringens wird landwirtschaftlich genutzt. Auf dem größten Teil des **Ackerlandes** wird **Getreide** wie Weizen, Gerste oder Roggen angebaut. Daneben sind der Anbau von Raps, Futtermais und Zuckerrüben von Bedeutung. Aber es werden auch Sonderkulturen wie Wein, Spargel oder Tabak in Thüringen angebaut.

1. Beschreibe, wie die Fläche Thüringens landwirtschaftlich genutzt wird. Die Legende hilft dir.
2. Die Böden des Thüringer Becken gelten als besonders fruchtbar. Stelle anhand der Karte fest, welche Nutzpflanzen dort angebaut werden.
3. Welche Nutzungsformen findest du in den Mittelgebirgen?

Sonderkulturen
- Obst
- Gemüse
- Spargel
- Rüben
- Blumen
- Hopfen
- Tabak

Land- und Forstwirtschaft
- vorwiegend Getreide
- vorwiegend Hackfrüchte
- vorwiegend Futterpflanzen
- Dauergrünland
- Gebiet mit hohem Anteil an Sonderkulturen
- Wald, Forstwirtschaft
- Weinbau
- Ödland

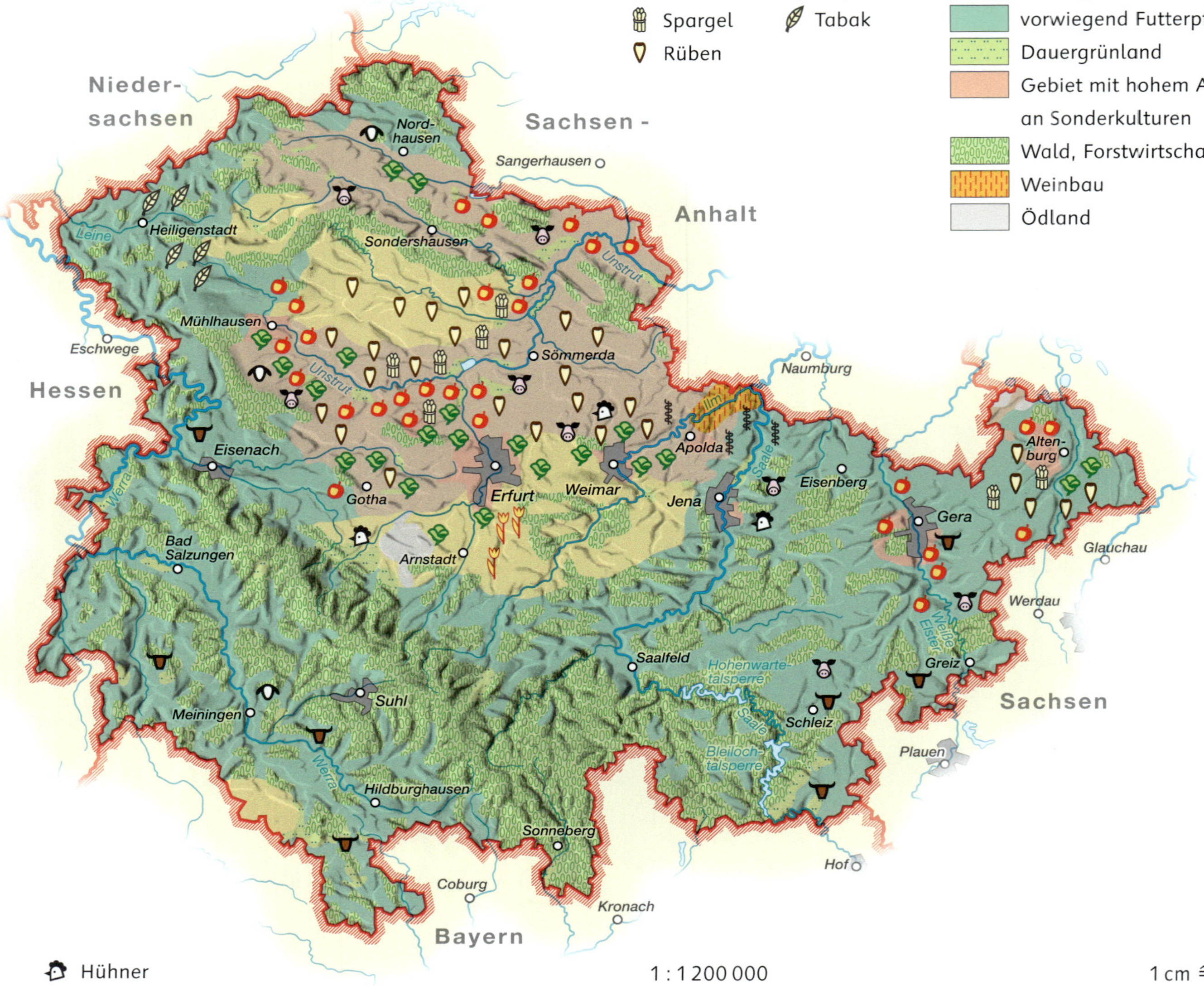

Viehhaltung
- Rinder
- Schweine
- Hühner
- Schafe

1 : 1 200 000   1 cm ≙ 12 km

1 Mähdrescher bei der Getreideernte

2 Weideauftrieb im Thüringer Wald

Thüringen: Wirtschaft und Verkehr 23

Industriestandorte in Thüringen liegen hauptsächlich in und entlang der Städtereihe von Eisenach bis Jena. Industrieunternehmen sind für ihren Warentransport auf einen guten Anschluss an den **Straßen-** und **Schienenverkehr** oder auch auf die Nähe zu **Flughäfen** angewiesen.

1. Erstelle mithilfe der Karte eine Liste der fünf bedeutensten Industriestandorte in Thüringen.
2. Nenne die Städte in Thüringen, in denen die **Kraftfahrzeugindustrie** von Bedeutung ist.
3. Die **Glas-** und **Porzellanherstellung** hat eine lange Tradition in Thüringen. Ermittle mithilfe der Karte die Landesteile für diesen Industriezweig.

Industrie
- Stahlherstellung, Gießerei
- Metall verarbeitende Industrie
- Maschinenindustrie
- Kraftfahrzeugindustrie
- Elektroindustrie
- Elektronikindustrie
- Feinmechanische Industrie
- Optische Industrie
- Kunststoffindustrie
- Textilindustrie
- Möbel- und Holzindustrie
- Druckerei, Verlag
- Papierindustrie
- Spielwarenindustrie
- Glas- und Porzellanindustrie
- Baustoffindustrie
- Nahrungsmittelindustrie
- Getränkeindustrie

Verkehr
- Eisenbahn
- Eisenbahn im Bau
- Autobahn
- Autobahn im Bau
- Flughafen

1 : 1 200 000   1 cm ≙ 12 km

1 Optische Industrie in Jena

2 Kraftfahrzeugindustrie in Eisenach

© Cornelsen

24 Thüringen: Tourismus und Erholung

Thüringen bietet eine Vielzahl von **Ausflugs-** und **Ferienzielen**. **Touristen** kommen nach Thüringen wegen der historischen Städte, Kirchen und Burgen oder wegen der abwechslungsreichen und naturnahen Landschaft, die ebenso der **Naherholung** dient.

1. Finde mithilfe der Karte heraus, in welcher Region Thüringens die Menschen Urlaub machen.
2. Wähle einen Ferienort aus der Karte aus. Informiere dich über Freizeit- und Erholungsangebote in diesem Ort. Stelle den Ort deiner Klasse vor.

Sehenswürdigkeiten und Ausflugsziele
- historische Altstadt
- Burg, Burgruine
- Schloss
- Kirche
- Museum
- Zoo, Tierpark
- Wildpark, Gehege
- Freizeit- und Erlebnisbad
- sonstige Sehenswürdigkeit

Rhön Ferienregion
- Wald
- Wiesen und Felder
- Klassikerstraße
- Rennsteig

Ferienorte
- Kurort, Heilbad
- Ferien- und Erholungsort
- Städte (Stadttourismus)

Übernachtungen 2011
- über 500 000
- bis 500 000

1 : 1 200 000   1 cm ≙ 12 km

1 Dom und Severikirche in Erfurt

2 Feengrotten bei Saalfeld

Thüringen: Landschaften und Naturschutz 25

In Thüringen gibt es sehr schöne **Landschaften**. Sie bieten Lebensraum für viele Pflanzen und Tiere. Auch der Mensch nutzt diese Landschaften sehr intensiv. Um diese Landschaften auch für die nächsten Generationen zu erhalten, müssen sie durch Gesetze geschützt werden.

1. Die *Rhön* ist das drittgrößte Biosphärenreservat Deutschlands. Mit welchen Bundesländern teilt sich Thüringen dieses Schutzgebiet?
2. Überlege, warum Schutzgebiete eingerichtet werden. Nenne mögliche Gründe.
3. Informiert euch über die Bedeutung der unterschiedlichen Schutzgebiete.

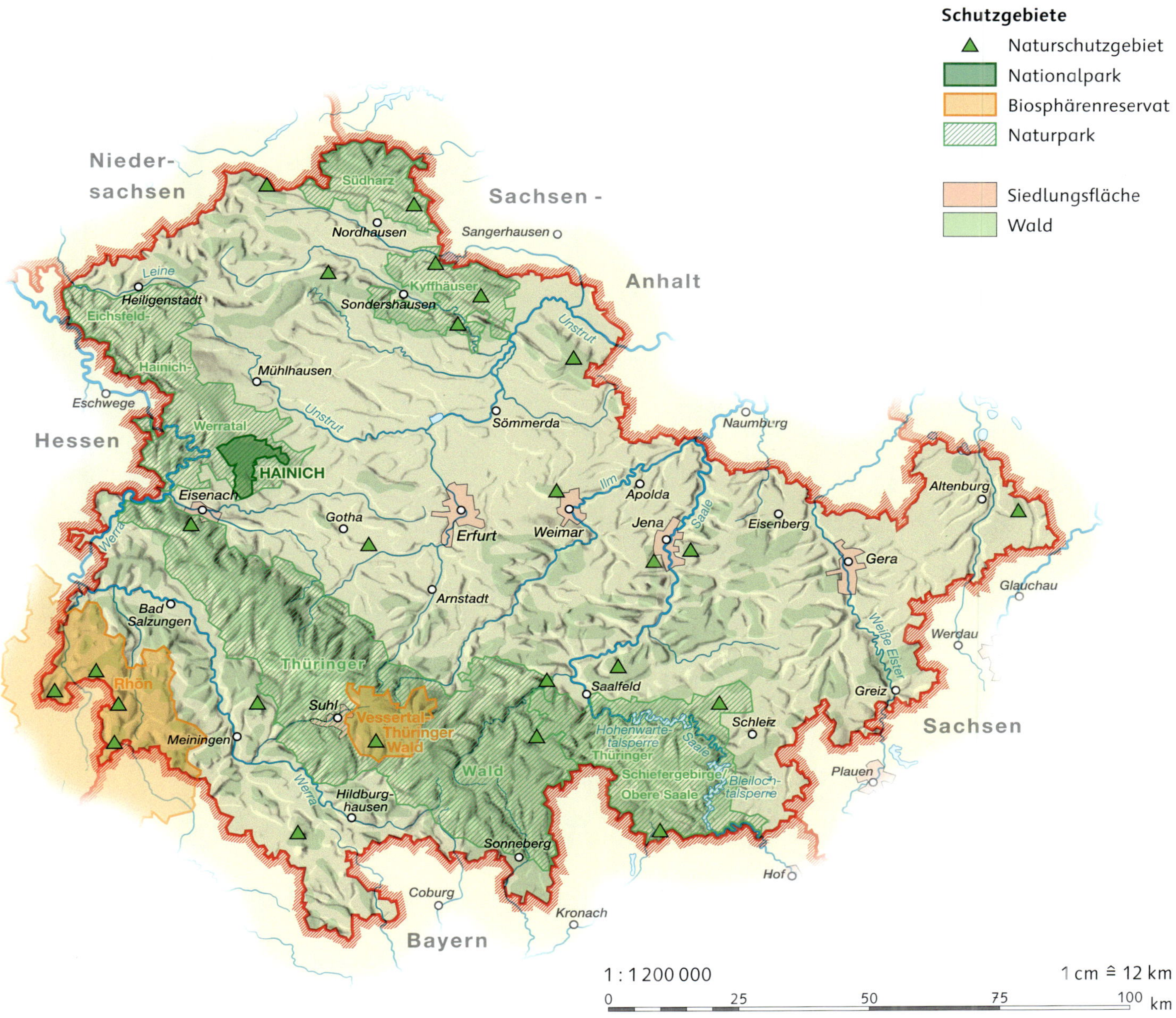

Schutzgebiete
- ▲ Naturschutzgebiet
- Nationalpark
- Biosphärenreservat
- Naturpark
- Siedlungsfläche
- Wald

1 : 1 200 000   1 cm ≙ 12 km

1 *Baumkronenpfad im Nationalpark Hainich*

2 *Saaleschleife in der Nähe von Schleiz*

Landeshauptstadt Erfurt

1 Schrägluftbild

2 Stadtplan von Erfurt

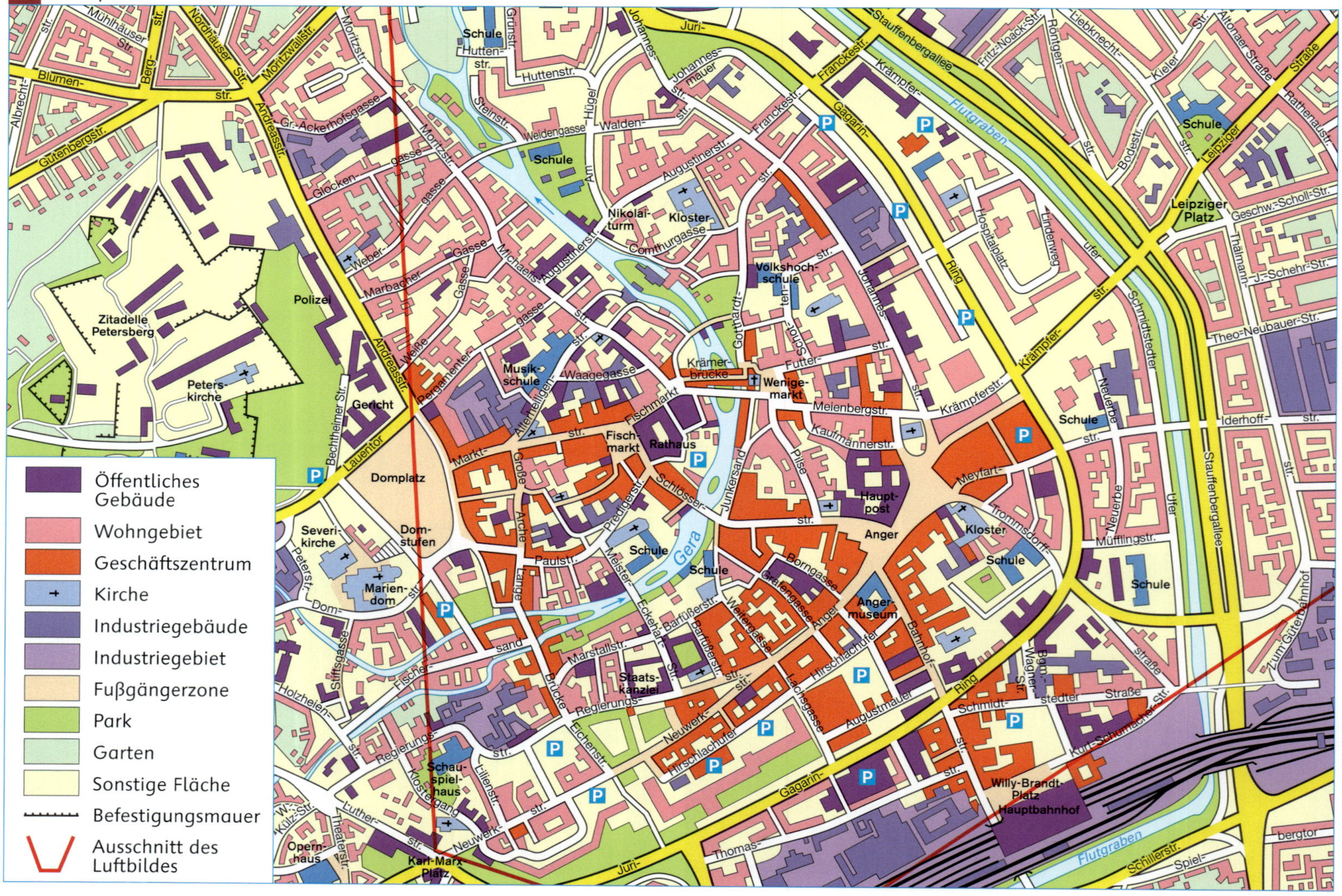

- Öffentliches Gebäude
- Wohngebiet
- Geschäftszentrum
- Kirche
- Industriegebäude
- Industriegebiet
- Fußgängerzone
- Park
- Garten
- Sonstige Fläche
- Befestigungsmauer
- Ausschnitt des Luftbildes

© Cornelsen

1 : 10 000 1 cm ≙ 100 m

Städte in Thüringen

1 Suhl

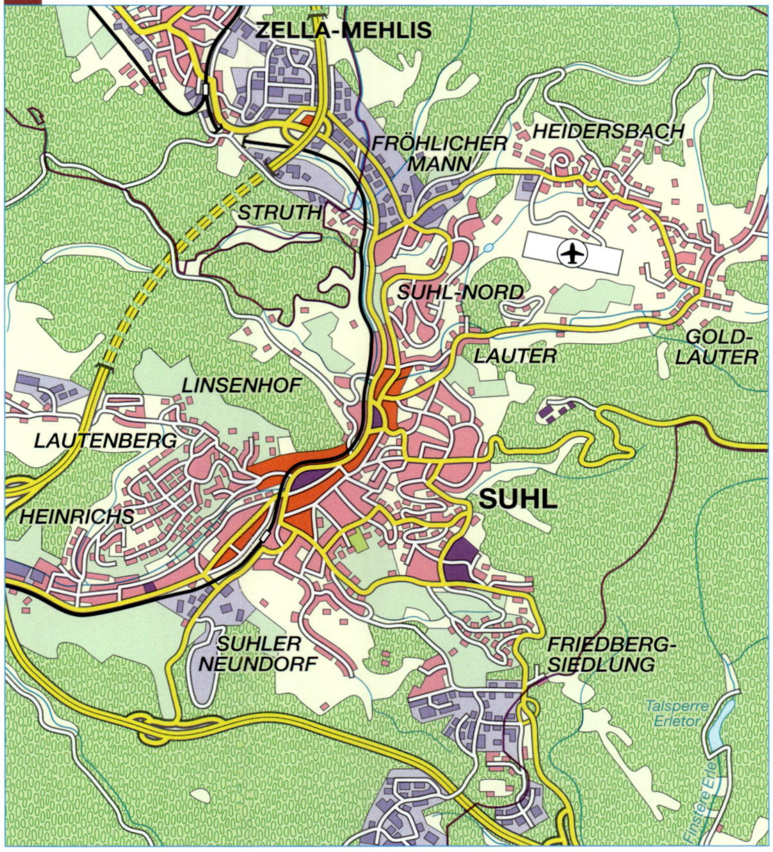

2 Weimar

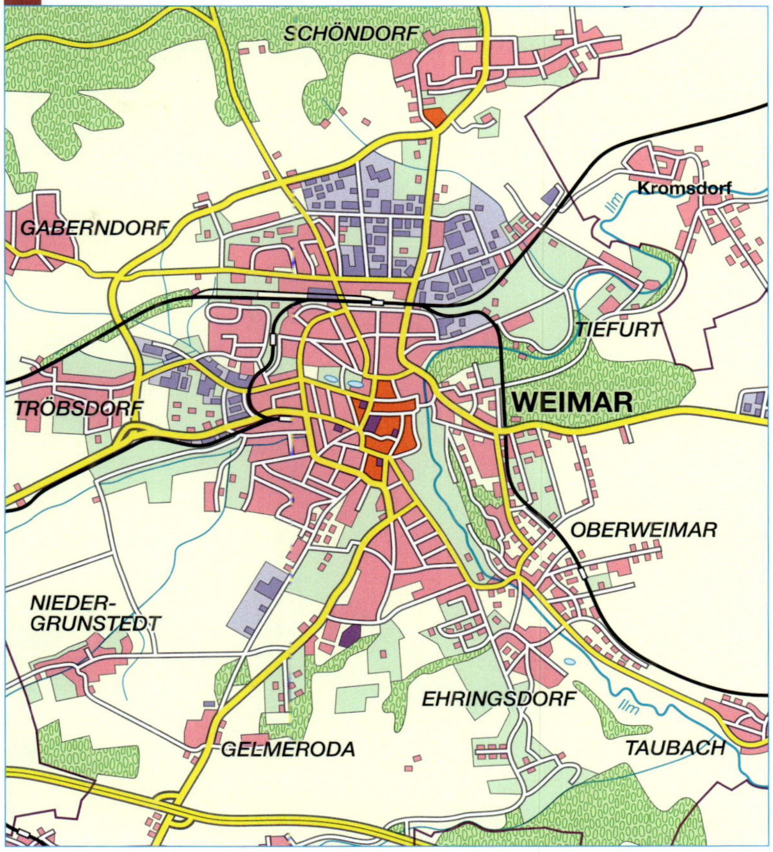

3 Jena

4 Gera

SUHL Stadt	Stadtgrenze	Bundesstraße	Öffentliche Gebäude	Garten
BIEBLACH Stadtteil	Eisenbahn mit Tunnel	Hauptstraße	Wohngebiet	Park, Grünanlage
Sulza Gemeinde	Autobahn mit Tunnel	Sonstige Straße	Geschäftszentrum	
Oßmaritz Gemeindeteil	Autobahn im Bau	Flugplatz	Industriefläche	Wald

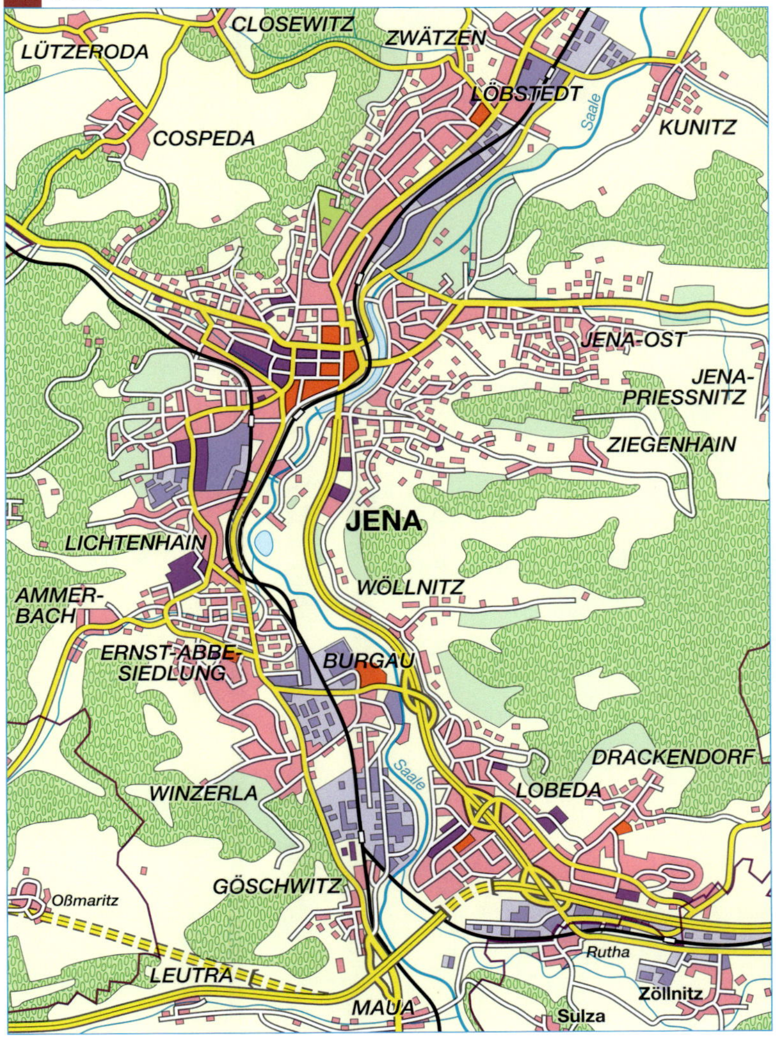

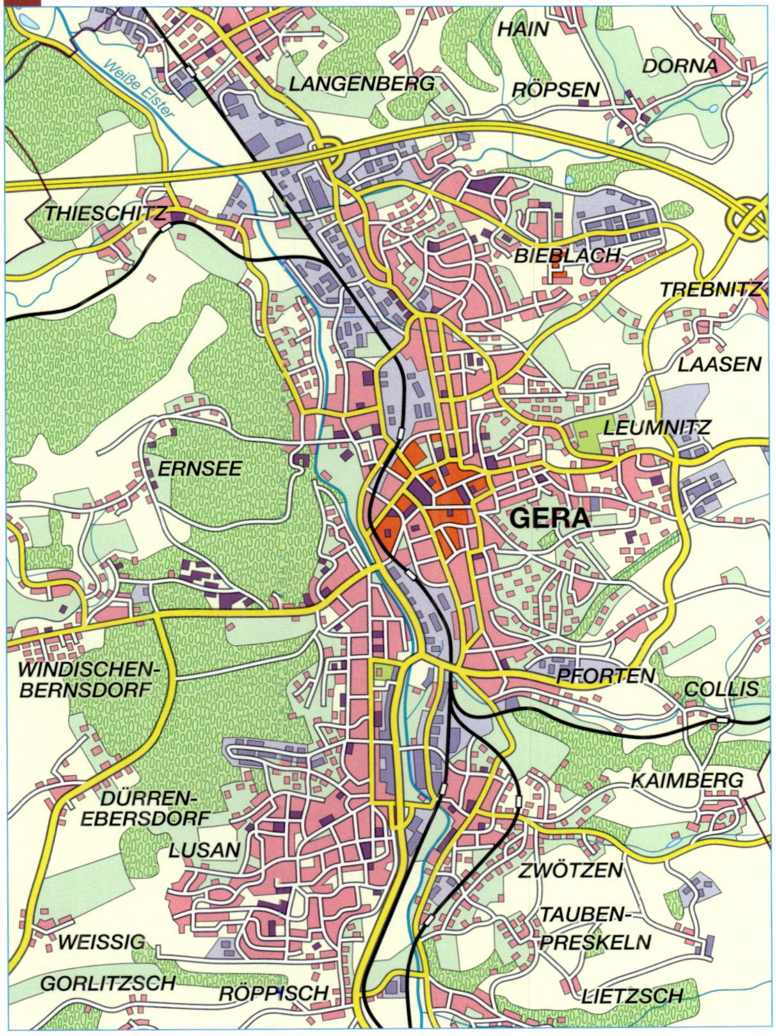

© Cornelsen

1 : 100 000   0 1 2 3 4 5 km   1 cm ≙ 1 km

28 Deutschland: Physische Karte

Landschaftsformen in Deutschland 29

Von Nord nach Süd kann man die Landschaft in Deutschland anhand der Landhöhen in vier **Großlandschaften** unterteilen. Dies sind das Norddeutsche Tiefland, das Mittelgebirgsland, das Alpenvorland und die Alpen (Hochgebirge).

1 Deutschland: Landschaften

Innerhalb dieser Großlandschaften sind die Landschaftsformen zum Teil sehr unterschiedlich. Während im Tiefland weite Ebenen mit flachen Hügeln und Flusstälern das Landschaftsbild bestimmen, findest du im Mittelgebirgsland waldbedeckte Berglandschaften. Vom Alpenvorland zu den Alpen hin werden die Berglandschaften schroffer bis hin zu den eis- und schneebedeckten Gipfeln des Hochgebirges.

1. Umgrenze mit dem Finger auf der physischen Karte (S. 28) die vier Großlandschaften Deutschlands. Vergleiche dazu mit nebenstehender Karte.
2. In den Bildern 2 bis 6 siehst du, wie unterschiedlich die Oberflächenformen innerhalb der Großlandschaften sein können. Beschreibe diese Landschaften.
3. Suche in der Karte auf S. 28 Mittelgebirge. Wie heißen sie? Welches liegt am nördlichsten?
4. Der höchste Berg Deutschlands ist die Zugspitze. In welcher Großlandschaft liegt er? Wie hoch ist die Zugspitze?

2 Küstenlandschaft (Kreidefelsen auf Rügen)

4 Mittelgebirge (Schwarzwald)

3 Norddeutsches Tiefland (Niedersachsen)

6 Alpen (Zugspitze)

5 Alpenvorland (Oberbayern)

© Cornelsen

Deutschland: Bundesländer

Die **Bundesrepublik Deutschland** besteht aus 16 **Bundesländern**. Abgesehen von den drei Stadtstaaten *Hamburg*, *Bremen* und *Berlin* hat jedes Bundesland eine Landeshauptstadt.
Berlin ist zusätzlich Hauptstadt von Deutschland. Hier haben der **Bundestag** und die **Bundesregierung** ihren Sitz.

1. Wie heißt die Landeshauptstadt von Thüringen?
2. Welche Bundesländer grenzen an Thüringen?
3. Nenne das größte und nenne das bevölkerungsreichste Bundesland.
4. Berechne mithilfe der Tabelle: Wie viele Einwohner hat Deutschland und wie groß ist die Fläche von Deutschland?

1 *Fläche und Einwohner der Bundesländer*

Fläche in km²	Bundesland	Einwohnerzahl 2011
35 800	Baden-Württemberg	10 800 000
70 600	Bayern	12 600 000
900	Berlin	3 500 000
29 500	Brandenburg	2 500 000
400	Bremen	700 000
800	Hamburg	1 800 000
21 100	Hessen	6 100 000
23 200	Mecklenburg-Vorpommern	1 600 000
47 600	Niedersachsen	7 900 000
34 100	Nordrhein-Westfalen	17 800 000
19 800	Rheinland-Pfalz	4 000 000
2 600	Saarland	1 000 000
18 400	Sachsen	4 100 000
20 400	Sachsen-Anhalt	2 300 000
15 800	Schleswig-Holstein	2 800 000
16 200	Thüringen	2 200 000

2 *Wappen der Bundesländer*

Baden-Württemberg · Bayern · Berlin · Brandenburg · Bremen · Hamburg · Hessen · Mecklenburg-Vorpommern

Niedersachsen · Nordrhein-Westfalen · Rheinland-Pfalz · Saarland · Sachsen · Sachsen-Anhalt · Schleswig-Holstein · Thüringen

3 *Reichstagsgebäude (Sitz des Bundestages)*

4 *Bundeskanzleramt*

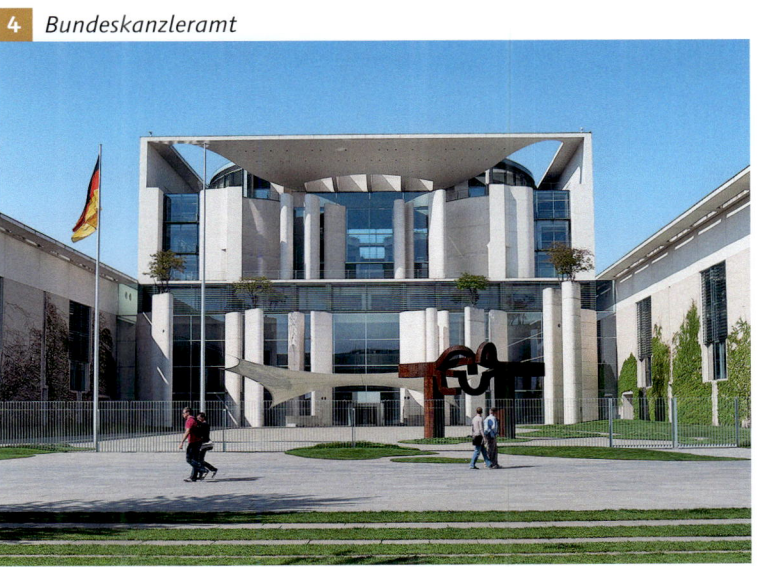

32 Europa: Staaten und die Europäische Union

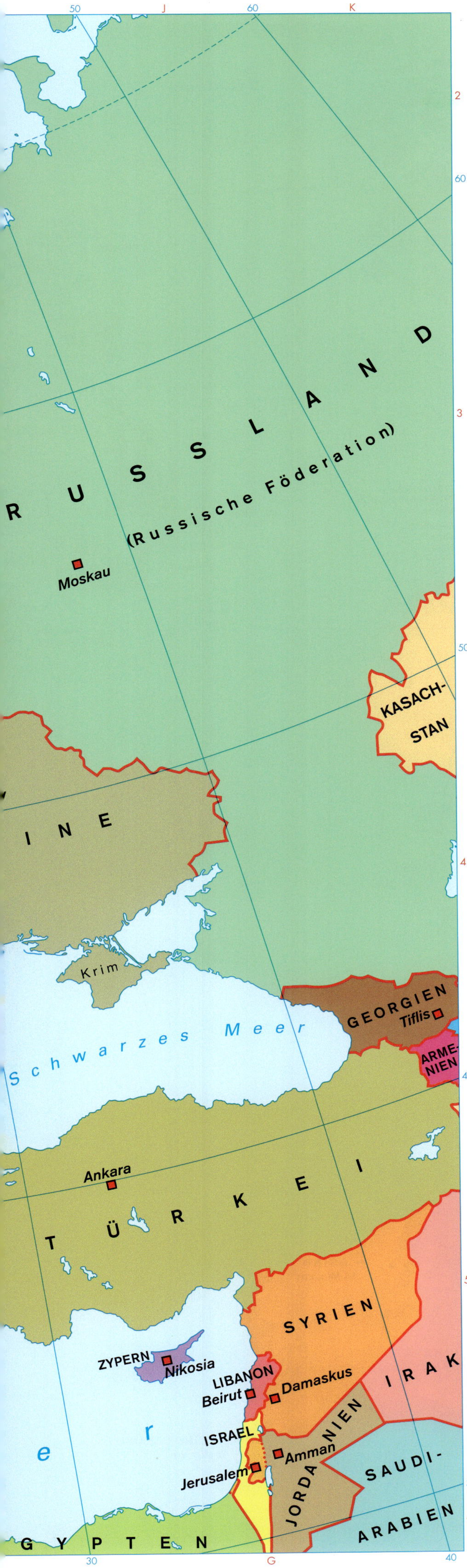

Europa ist einer von sieben Kontinenten auf der Erde und nach Australien der zweitkleinste. Zu Europa gehören mit *Russland* und der *Türkei*, die schon zum großen Teil in Asien liegen, über vierzig Staaten.
Die meisten Staaten in Europa sind Mitglieder der **Europäischen Union** (**EU**). Die EU ist ein Staatenverbund von 27 Staaten mit dem Ziel der politischen, wirtschaftlichen und kulturellen Zusammenarbeit.
17 Staaten der Europäischen Union haben sich zu einer **Währungsunion** zusammengeschlossen. Die gemeinsame Währung in diesen Ländern ist der **Euro** (**€**).

1. Nenne die Nachbarstaaten Deutschlands und deren Hauptstädte.
2. Arbeite mit einem Partner oder einer Partnerin. Dein Partner oder deine Partnerin buchstabiert, du sagst „Stopp" und nennst ein europäisches Land mit diesem Anfangsbuchstaben, z. B. S wie Slowakei (Achtung: funktioniert nicht mit den Anfangsbuchstaben C, H, J, Q, X und Y).
3. In welchen 10 EU-Staaten gibt es statt dem Euro eine eigene Landeswährung?

1 *Staaten der Europäischen Union*

Mitgliedsstaat der Europäischen Union
EU-Beitrittskandidat
€ Staat mit Euro als gemeinsamer Währung
Sonstiger Staat in Europa

1 : 35 000 000 — 0 500 1000 1500 2000 km — 1 cm ≙ 350 km

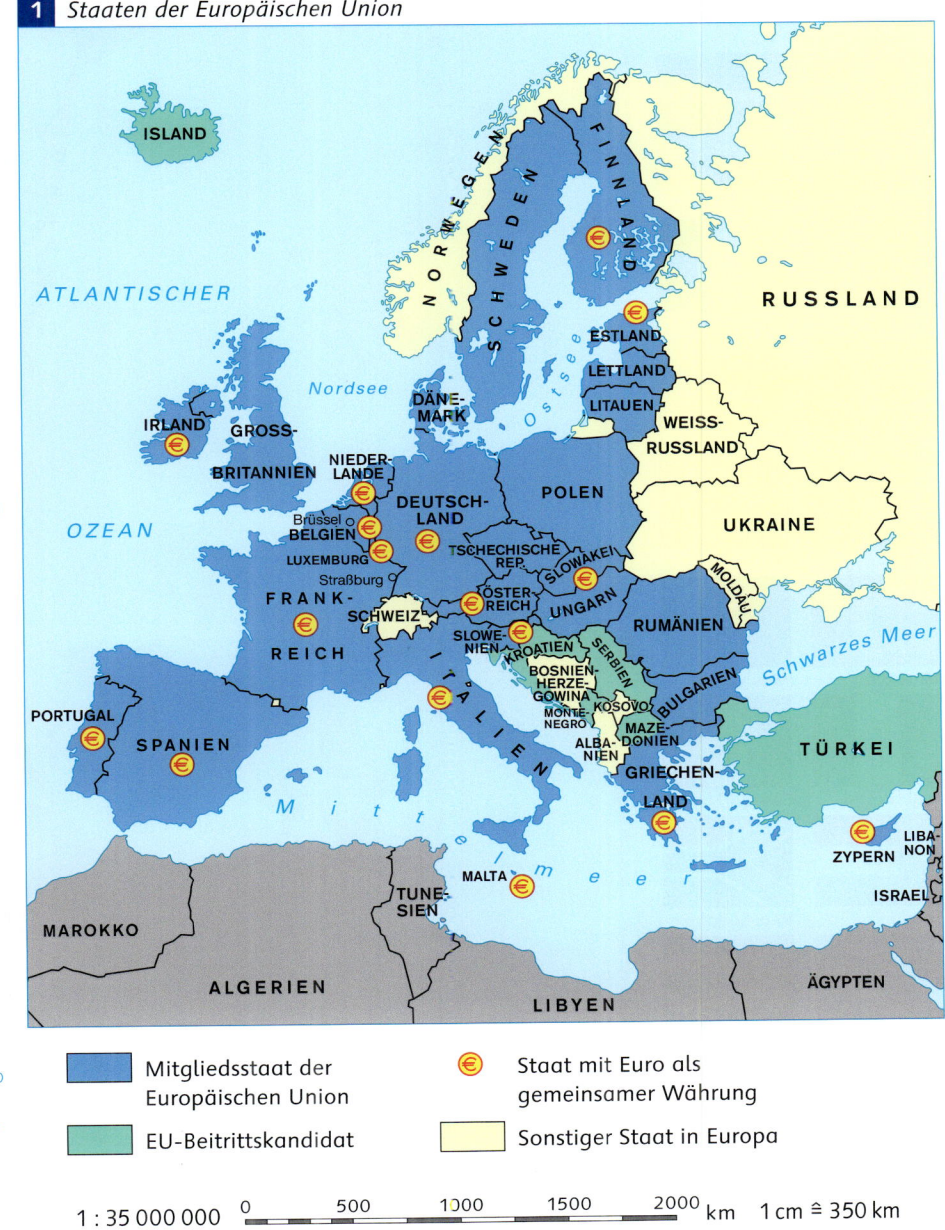

Erde: Staaten, Kontinente und Klimazonen

Namensregister

Wie du das Register benutzt

Das Namensregister enthält alle Namen von Orten, Gewässern, Landschaften, Gebirgen, Bergen und Staaten, die in den Karten dieses Atlas vorkommen. Alle Namen sind dabei nach dem Alphabet geordnet.

Hinter jedem Namen steht im Register zuerst die Zahl der **Atlasseite**, auf der du den Ort, den Fluss oder das Gebirge finden kannst. Suchst du beispielsweise die Stadt *Apolda*, dann liest du die Seitenzahl 18/19. Auf dieser Atlasseite findest du den Namen und die Siedlungsfläche von Apolda. Du benötigst aber noch eine genauere **Lageangabe** zum Aufsuchen des Ortes. Dazu sind die Karten durch feine senkrechte und waagerechte blaue Linien in einzelne Felder unterteilt. Diese Felder sind am oberen und unteren Kartenrand mit **roten Buchstaben** gekennzeichnet. Am linken und rechten Rand stehen **rote Zahlen**. Im Register siehst du hinter Apolda und der Seitenzahl 18/19 die Angabe D 1. Dies bedeutet, dass der Ortsname Apolda in dem Feld D (senkrechter Streifen) und 1 (waagerechter Streifen) auf der Karte zu finden ist.

Wenn sich der Name durch mehrere Felder zieht, sind **alle Felder angegeben**, zum Beispiel *Thüringer Wald* 16/17 DE 2/3.

A

Aachen 28 B 3
Aalen 28 D 4
Aare 28 B 5
Abtsberg 14/15 E 3
Abtsbessingen 14/15 DE 2
Adelebsen 12/13 B 1
Adlersberg 16/17 E 3
Adorf 12/13 G 4
Ägypten 34 L 4
Äquatorialguinea 34 K 5
Äthiopien 34 LM 5
Afghanistan 34 N 4
Ahnatal 12/13 A 2
Albanien 32 EF 4
Albersdorf 18/19 DE 2
Algerien 34 JK 4
Algier 32 D 5
Alheim 12/13 B 2
Alheimer 12/13 B 2
Alkersleben 16/17 F 2
Allendorf (bei Saalfeld) 16/17 F 3
Allendorf, Bad Sooden- 14/15 A 2
Aller 28 C 2
Allgäu 28 CD 5
Allstedt 14/15 G 2
Alperstedt 14/15 F 3
Alsbach, Scheibe- 20 D 3
Altenberga 18/19 D 2
Altenburg 18/19 G 2
Altenburger Land, Landkreis 18/19 GH 2
Altendorfer Klippen 6.2
Altenfeld 16/17 E 3
Altengottern 14/15 D 3
Altenkunstadt 12/13 E 4
Alter Berg 14/15 C 3
Altersbach 16/17 D 3
Altkirchen 18/19 G 2
Altmark 28 D 2
Altmühl 28 D 4
Am Ohmberg 14/15 C 2
Amman 32 G 5
Ammerbach, Jena- 27.3
Amsterdam 32 D 3
An der Poststraße, Gemeinde 14/15 H 3
Andisleben 14/15 E 3
Andorra 32 D 4
Angelroda 16/17 E 3
Angola 34 KL 6
Ankara 32 G 4
Annaberg-Buchholz 12/13 J 3
Annaburg 12/13 HJ 1
Annaburger Heide 12/13 J 1
Anrode 14/15 C 2
Ansbach 28 D 4
Antigua und Barbuda 34 FG 5
Apeldoorn 28 AB 2
Apfelstädt, Fluss 16/17 DE 2
Apfelstädt, Nesse- 16/17 E 2
Apolda 18/19 D 1
Arenshausen 14/15 A 2
Argentinien 34 F 7/8
Armenien 32 H 4
Arnheim 28 AB 2/3
Arnsberg 28 C 3
Arnstadt 16/17 E 2
Arnstein 12/13 EF 1
Artern 14/15 G 2
Arzberg 12/13 G 4
Aš 12/13 G 4
Asch 12/13 G 4
Aschaffenburg 28 C 3/4
Aschersleben 12/13 EF 1

Athen 32 F 5
Aue, Fluss 14/15 B 1
Aue, Stadt 12/13 H 3
Auengrund 20 C 3
Auerbach 12/13 G 3
Auersberg 16/17 AB 3
Auerstedt 14/15 H 3
Augsburg 28 D 4
Augustusburg 12/13 J 3
Auma-Weidatal 18/19 E 3
Auma, Fluss 18/19 E 3
Aussig 28 F 3
Australien 34 QR 7

B

Bachfeld 20 C 3
Bad Berka 18/19 C 2
Bad Berneck 12/13 F 4
Bad Bibra 14/15 H 3
Bad Blankenburg 18/19 BC 3
Bad Brückenau 12/13 B 4
Bad Colberg-Heldburg 20 BC 3
Bad Düben 12/13 H 1
Bad Dürrenberg 12/13 G 2
Bad Frankenhausen 14/15 F 2
Bad Hersfeld 12/13 B 3
Bad Homburg 28 C 3
Bad Kissingen 12/13 BC 4
Bad Klosterlausnitz 18/19 E 2
Bad Königshofen 12/13 CD 4
Bad Köstritz 18/19 EF 2
Bad Langensalza 14/15 D 3
Bad Lauchstädt 14/15 F 2
Bad Lausick 12/13 H 2
Bad Lauterberg 12/13 CD 1
Bad Liebenstein 16/17 C 2
Bad Liebenwerda 12/13 JK 1
Bad Lobenstein 18/19 D 4
Bad Neustadt 12/13 C 4
Bad Reichenhall 28 E 5
Bad Rodach 20 C 3
Bad Sachsa 14/15 CD 1
Bad Salzungen 16/17 BC 2
Bad Schlema 12/13 H 3
Bad Schmiedeberg 12/13 H 1
Bad Sooden-Allendorf 14/15 A 2
Bad Staffelstein 12/13 E 4
Bad Steben 12/13 F 4
Bad Sulza 14/15 H 3
Bad Tennstedt 14/15 E 3
Baden-Baden 28 BC 4
Baden-Württemberg 30 C 4
Bahamas 34 F 4
Baier 16/17 B 2
Balearen 32 D 4/5
Ballenstedt 12/13 E 1
Ballhausen 14/15 E 3
Ballstädt 16/17 D 1
Ballstedt 14/15 F 3
Bamberg 28 D 4
Bangladesch 34 O 4/5
Barbados 34 G 5
Barchfeld 16/17 C 2
Barnstädt 14/15 H 2
Basel 28 B 5
Bastheim 16/17 B 4
Baunach 20 B 4
Baunatal 12/13 A 2
Bayerische Alpen 28 DE 5
Bayerischer Wald 28 E 4
Bayern 30 DE 4
Bayreuth 28 D 3
Beber 14/15 C 1
Bebra 12/13 B 3
Bechstedtstraß 16/17 F 2
Beichlingen 14/15 G 3

Beierfeld, Grünhain- 12/13 H 3
Beinerstadt 20 B 3
Beirut 32 G 5
Belgien 32 D 3
Belgrad 32 F 4
Belize 34 E 5
Belrieth 16/17 CD 3
Benin 34 K 5
Bennewitz 12/13 H 2
Benshausen 16/17 D 3
Bere 14/15 E 1
Berg 18/19 E 4
Berga (an der Helme) 14/15 E 2
Berga (an der Weißen Elster) 18/19 F 3
Berka (an der Werra) 16/17 B 2
Berka (Hainich) 14/15 C 3
Berkatal 14/15 A 3
Berlin, Bundesland 30 E 2
Berlin, Stadt 28 E 2
Berlingerode 14/15 BC 2
Berlstedt 14/15 FG 3
Bermsbach 16/17 D 3
Bern 32 D 4
Bernburg 12/13 F 1
Bernsdorf 18/19 H 2
Bethenhausen 18/19 F 2
Beuren 14/15 C 2
Beverungen 12/13 AB 1
Bezdružice 12/13 HJ 5
Bhutan 34 O 4
Bibra, Fluss 16/17 C 4
Bibra, Ort 18/19 D 2
Bieblach, Gera- 27.4
Bielefeld 28 C 2
Bienstädt 16/17 E 1
Bilshausen 14/15 B 1
Bilzingsleben 14/15 F 2
Birkenfelde 14/15 B 2
Birkenhügel 18/19 D 4
Birma → Myanmar
Bischofroda 14/15 C 3
Bischofsheim 12/13 BC 4
Bitterfeld-Wolfen 12/13 G 1
Blankenberg 18/19 D 4
Blankenburg 12/13 D 1
Blankenhain 18/19 C 2
Blankenstein 18/19 D 4
Bleicherode 14/15 CD 2
Bleilochtalsperre 18/19 D 3
Bobeck 18/19 E 2
Bochum 28 B 3
Bocka 18/19 F 2
Bockstadt 20 C 3
Bode (zur Saale) 12/13 E 1
Bode (zur Wipper) 14/15 C 2
Bodelwitz 18/19 D 3
Bodenrode-Westhausen 14/15 B 2
Bodensee 28 C 5
Bodensee, Ort 14/15 B 1
Böhlen 16/17 F 3
Böhmen 28 EF 4
Böhmerwald 28 E 4
Bösleben-Wüllersleben 16/17 F 2
Boffzen 12/13 A 1
Bolivien 34 FG 6
Bollberg 18/19 E 2
Bonn 28 B 3
Borna, Speicherbecken 12/13 GH 2
Borna, Stadt 12/13 G 2
Bornhagen 14/15 A 2
Borsdorf 12/13 H 2
Borxleben 14/15 F 2
Bosnien-Herzegowina 32 E 4

Bothenheilingen 14/15 D 3
Botsuana 34 L 7
Bovenden 14/15 A 1
Brahmenau 18/19 F 2
Brand-Erbisdorf 12/13 J 3
Brandenburg, Bundesland 30 EF 2
Brandenburg, Stadt 28 E 2
Brandis 12/13 H 2
Brasilien 34 FG 6
Bratislava 32 E 4
Braunichswalde 18/19 F 2
Braunlage 12/13 D 1
Braunsbedra 12/13 F 2
Braunschweig 28 D 2
Brehme 14/15 C 2
Brehna, Sandersdorf- 12/13 G 1
Breitenbach 14/15 C 2
Breitenbrunn 12/13 H 4
Breitenworbis 14/15 C 2
Breitingen, Regis- 18/19 GH 1
Breitungen 16/17 C 2
Bremen, Bundesland 30 C 2
Bremen, Stadt 28 C 2
Bremerhaven 28 C 2
Bretleben 14/15 FG 2
Brocken 12/13 D 1
Brotterode-Trusetal 16/17 C 2
Bruchberg 12/13 CD 1
Brücken-Hackpfüffel 14/15 F 2
Brüheim 16/17 D 1
Brünn 20 C 3
Brüssel 32 D 3
Brüx 28 E 3
Brunei 34 P 5
Brunnhartshausen 16/17 B 3
Bucha 18/19 D 2
Buchholz, Annaberg- 12/13 J 3
Bruchberg 12/13 CD 1
Budapest 32 EF 4
Budweis 28 EF 4
Bürgel 18/19 D 2
Büttstedt 14/15 C 2
Bufleben 16/17 DE 2
Buhla 14/15 C 2
Bukarest 32 F 4
Bulgarien 32 F 4
Bundorf 20 B 4
Burgau, Jena- 27.3
Burghaun 12/13 B 3
Burgkunstadt 18/19 E 4
Burgstädt 12/13 H 3
Burkardroth 12/13 BC 4
Burkhardtsdorf 12/13 HJ 3
Burkina Faso 34 JK 5
Burundi 34 L 6
Buttelstedt 14/15 G 3
Buttlar 16/17 A 2
Buttstädt 14/15 G 3

C

Caaschwitz 18/19 E 2
Calau 12/13 K 1
Calden 12/13 A 2
Callenberg 18/19 H 3
Camburg, Dornburg- 18/19 DE 1
Celle 28 D 2
Cheb 12/13 G 4
Chemnitz, Fluss 12/13 H 3
Chemnitz, Stadt 28 E 3
Chiemsee 28 E 5
Chile 34 F 7
China 34 OP 4
Chişinău 32 F 4
Chodau 12/13 H 4
Chodov 12/13 H 4
Christes 16/17 C 3

Clausthal-Zellerfeld 12/13 C 1
Clingen 14/15 E 3
Closewitz, Jena- 27.3
Coburg 12/13 D 4
Coburger Land 12/13 DE 4
Colditz 12/13 H 2
Collis, Gera- 27.4
Collm 12/13 HJ 2
Cornberg 14/15 A 3
Cospeda, Jena- 27.3
Costa Rica 34 E 5
Côte d'Ivoire 34 J 5
Cottbus 28 EF 3
Crawinkel 16/17 E 2
Creuzburg 14/15 C 3
Crimla 18/19 F 2
Crimmitschau 18/19 G 2
Crispendorf 18/19 D 3
Crossen 18/19 E 2
Cursdorf 18/19 B 3
Cuxhaven 28 C 2

D

Dachstein 28 E 5
Dachwig 14/15 E 3
Dänemark 32 DE 3
Dahle 12/13 J 2
Dahlener Heide 12/13 HJ 2
Damaskus 32 G 5
Dankmarshausen 16/17 B 2
Darmstadt 28 C 4
Darß 28 E 1
Deesbach 18/19 B 3
Delitzsch 12/13 G 1
Delmenhorst 28 C 2
Demokratische Republik Kongo 34 KL 5/6
Dennheritz 18/19 GH 2
Dermbach 16/17 B 2
Dessau-Roßlau 28 DE 3
Detmold 28 C 3
Deuna 14/15 C 2
Deutschland 32 DE 3/4
Deutzen 18/19 G 1
Diedorf 16/17 B 3
Dietharz, Tambach- 16/17 D 2
Dietrichsberg 16/17 B 2
Dillstädt 16/17 D 3
Dingelstädt 14/15 C 2
Dingsleben 20 B 3
Dippach 16/17 B 2
Dittelbrunn 12/13 C 4
Doberlug-Kirchhain 12/13 JK 1
Dobitschen 18/19 G 2
Döbeln 12/13 J 2
Döllnitz 12/13 H 2
Döllstädt 14/15 E 3
Dörfles-Esbach 20 CD 3
Döschnitz 18/19 BC 3
Dolmar 16/17 C 3
Dominica 34 FG 5
Dominikanische Republik 34 FG 4/5
Donndorf 14/15 G 2
Dorna, Gera- 27.4
Dornburg-Camburg 18/19 DE 1
Dorndorf 16/17 B 2
Dornheim 16/17 E 2
Dortmund 28 BC 3
Dortmund-Ems-Kanal 28 B 2/3
Drachenschlucht 8.1
Drachenstein 8.1
Drackendorf, Jena- 27.3
Dreba 18/19 D 3
Drebach 12/13 HJ 3
Drei Gleichen 16/17 E 2
Dreitzsch 18/19 E 3

Aac – Dre

Namensregister

Dresden 28 E 3
Dröbischau 16/17 F 3
Drognitz 18/19 D 3
Droyßig 18/19 F 1
Dschibuti 34 M 5
Dublin 32 C 3
Duderstadt 14/15 B 1
Dübener Heide 12/13 GH 1
Dün 14/15 CD 2
Dünwald 14/15 C 2
Düren 28 B 3
Dürrenebersdorf, Gera- 27.4
Düsseldorf 28 B 3
Duisburg 28 B 3
Duppauer Gebirge 12/13 HJ 4

E

Ebeleben 14/15 DE 2
Ebensfeld 12/13 DE 4
Ebenshausen 14/15 C 3
Ebergötzen 14/15 B 1
Ebern 12/13 D 4
Ebersdorf (bei Lichtenfels) 12/13 E 4
Ebersdorf, Saalburg- 18/19 D 3/4
Eckartsberga 14/15 H 3
Ecklingerode 14/15 C 1
Eckstedt 14/15 F 3
Ecuador 34 EF 6
Edersleben 14/15 G 2
Effelder 14/15 B 3
Eger 12/13 G 4
Ehrenberg 16/17 AB 3
Ehrenfriedersdorf 12/13 H 3
Ehrensteig, Eisenach- 8.1
Ehringsdorf, Weimar- 27.2
Eibenstock, Ort 12/13 H 4
Eibenstock, Talsperre 12/13 H 3
Eichenberg 18/19 CD 2
Eichenzell 12/13 B 3
Eichliethenberg 14/15 B 3
Eichrodt 8.1
Eichsfeld, Landkreis 11 14/15 B 2
Eichsfeld, Landschaft 14/15 B 2
Eider 28 C 1
Eifel 28 B 3
Eilenburg 12/13 H 2
Eineborn 18/19 E 2
Einhausen 16/17 CD 3
Eisberg 12/13 B 2
Eisenach, Stadt 16/17 C 1
Eisenach, Stadtkreis 11
Eisenberg, Berg 12/13 AB 3
Eisenberg, Stadt 18/19 E 2
Eisfeld 20 C 3
Eiterfeld 12/13 B 3
El Salvador 34 E 5
Elbe-Seitenkanal 28 D 2
Elbe 28 D 2
Elfenbeinküste → Côte d'Ivoire
Elgersburg 16/17 E 3
Elleben 16/17 F 2
Ellenbogen 16/17 B 3
Ellersleben 14/15 G 3
Ellingshausen 16/17 CD 3
Ellrich 14/15 D 1
Elsteraue 18/19 F 1
Elsterberg 18/19 F 3
Elstergebirge 12/13 G 4
Elsterwerda 12/13 JK 2
Elxleben (an der Gera) 16/17 E 1
Elxleben (an der Wipfra) 16/17 F 2
Emden 28 B 2
Emleben 16/17 D 2
Emmen 28 B 2
Empfertshausen 16/17 B 3
Ems 28 B 2
Emsetal 16/17 C 2
Emsland 28 B 2
Endschütz 18/19 F 2
Enschede 28 B 2
Eppendorf 12/13 J 3
Erbendorf 12/13 G 5
Erbenhausen 16/17 B 3
Erbisdorf, Brand- 12/13 J 3
Erbstrom 8.1
Erdmannsdorf, Lippersdorf- 18/19 E 2
Erfurt, Stadt 16/17 F 2
Erfurt, Stadtkreis 11
Eritrea 34 LM 5
Erlangen 28 D 4
Erletor, Talsperre 27.1
Ernsee, Gera- 27.4
Ernst-Abbe-Siedlung, Jena- 27.3
Ernstthal, Hohenstein- 12/13 H 3
Erzgebirge 28 E 3
Esbach, Dörfles- 20 CD 3

Eschenbergen 16/17 E 1
Eschwege 14/15 B 3
Espenhain 12/13 GH 2
Esperstedt, Bad Frankenhausen- 6.2
Essen 28 B 3
Eßleben-Teutleben 14/15 G 3
Esslingen 28 C 4
Estland 32 F 3
Ettenhausen 16/17 B 2
Ettersberg 14/15 G 3
Ettersburg 14/15 FG 3
Etzleben 14/15 F 2

F

Fahnersche Höhe 16/17 DE 1
Falkenau 12/13 H 4
Falkenberg 12/13 J 1
Falkenstein (Harz) 12/13 E 1
Falkenstein (Vogtland) 12/13 G 4
Fambach 16/17 C 3
Farnroda, Wutha- 16/17 C 2
Fehmarn 28 D 1
Feilitzsch 18/19 E 4
Felda 16/17 B 2
Feldberg 28 B 5
Felsberg 12/13 A 2
Ferna 14/15 C 2
Fichtelberg 12/13 HJ 4
Fichtelgebirge 28 DE 3/4
Finkenberg 12/13 B 3
Finne, Gebirge 14/15 GH 3
Finne, Gemeinde 14/15 G 3
Finneland 14/15 H 3
Finnland 32 F 2
Finstere Erle 27.1
Finsterwalde 12/13 K 1
Fischbach (an der Felda) 16/17 B 3
Fischbach, Eisenach- 8.1
Fladungen 16/17 B 3
Fläming 28 E 2/3
Flarchheim 14/15 CD 3
Flensburg 28 C 1
Flieden 12/13 B 4
Flöha, Fluss 12/13 J 3
Flöha, Stadt 12/13 J 3
Floh-Seligenthal 16/17 CD 2
Flurstedt 14/15 H 3
Flutgraben 6.2
Flutkanal 14/15 G 2
Fockendorf 18/19 GH 1
Föritz 20 DE 3
Forstberg 14/15 D 2
Fränkische Alb 28 D 4
Fränkische Saale 12/13 B 4
Franken 28 CD 4
Frankenberg 12/13 J 3
Frankenblick 20 D 3
Frankenhain 16/17 E 2
Frankenheim 16/17 B 3
Frankenroda 14/15 BC 3
Frankenwald 12/13 E 4
Frankfurt (am Main) 28 C 3
Frankfurt (an der Oder) 28 F 2
Frankreich 32 D 4
Frauenprießnitz 18/19 DE 1
Frauensee 16/17 B 2
Frauenwald 16/17 E 3
Fraureuth 18/19 G 3
Freiberg 12/13 J 3
Freiberger Mulde 12/13 H 2
Freiburg 28 BC 4
Freienbessingen 14/15 DE 3
Freienhagen 14/15 B 2
Freienorla 18/19 D 2
Friedbergsiedlung, Suhl- 27.1
Friedelshausen 16/17 BC 3
Friedewald 16/17 A 2
Friedland 14/15 A 2
Friedrichroda 16/17 D 2
Friedrichshafen 28 C 5
Friedrichswerth 16/17 D 2
Friemar 16/17 E 2
Fröhlicher Mann, Suhl- 27.1
Frömmstedt 14/15 F 2
Frohburg 18/19 H 1
Frohnsdorf 18/19 H 2
Fürth 28 D 4
Fuhne 12/13 F 1
Fulda, Fluss 12/13 B 3
Fulda, Stadt 28 C 3
Fuldabrück 12/13 AB 2
Fuldatal 12/13 B 2

G

Gaberndorf, Weimar- 27.2
Gabun 34 K 6
Gambia 34 HJ 5
Gangloffsömmern 14/15 F 3
Garmisch-Partenkirchen 28 D 5
Garte 14/15 A 2

Gebaberg 16/17 C 3
Gebesee 14/15 E 3
Gebstedt 14/15 GH 3
Gefell 18/19 E 4
Gefilde, Eisenach- 8.1
Gefrees 12/13 F 4
Gehlberg 16/17 E 3
Gehofen 14/15 G 2
Gehren 16/17 E 3
Geisa 16/17 A 3
Geiseltalsee 12/13 F 2
Geisleden 14/15 B 2
Geismar 14/15 B 3
Geithain 12/13 H 2
Gelenau 12/13 HJ 3
Gelmeroda, Weimar- 27.2
Gemünden 12/13 B 4
Georgental 8.1
Georgenthal 16/17 D 2
Georgien 32 H 4
Gera, Fluss 18/19 D 2
Gera, Stadt 18/19 F 2 27.4
Gera, Stadtkreis 11
Geraberg 16/17 E 3
Gerbershausen 14/15 AB 2
Gerbstedt 12/13 F 1
Gernrode 14/15 C 2
Geroda 18/19 E 2
Gersfeld 12/13 B 4
Gerstenberg 18/19 G 1
Gerstungen 16/17 B 2
Gerterode 14/15 C 2
Geschwenda 16/17 E 3
Ghana 34 J 5
Gieboldehausen 14/15 B 1
Gierstädt 14/15 E 3
Gießen 28 C 3
Gillersdorf 16/17 F 3
Glasbach, Mellenbach- 18/19 B 3
Glauchau 18/19 H 2
Gleichen 14/15 AB 2
Gleina 14/15 H 2
Gobert 12/13 C 2
Göhren 18/19 G 2
Göllnitz 18/19 G 2
Göltzsch 18/19 G 3
Görkwitz 18/19 E 3
Görlitz 28 F 3
Görsbach 14/15 E 2
Göschwitz, Jena- 27.3
Gössitz 18/19 D 3
Gößnitz 18/19 G 2
Göttingen 14/15 AB 1
Goldbach 16/17 D 2
Goldene Aue 12/13 DE 2
Goldisthal, Ort 20 D 2
Goldisthal, Talsperre 20 CD 2/3
Goldlauter, Suhl- 27.1
Golmsdorf 18/19 D 2
Gompertshausen 20 B 3
Gorlitzsch, Gera- 27.4
Gorsleben 14/15 F 2
Goslar 28 D 3
Gossel 16/17 E 2
Gotha, Landkreis 11 16/17 D 2
Gotha, Stadt 16/17 D 2
Grabfeld, Landschaft 12/13 C 4
Grabfeld, Ort 16/17 C 4
Gräfenhain 16/17 D 2
Gräfenhainichen 12/13 G 1
Gräfenroda 16/17 E 2
Gräfenthal 18/19 C 3
Graitschen 18/19 D 2
Gramme 14/15 F 3
Graslitz 12/13 H 4
Grebenstein 12/13 AB 2
Greifswald 28 E 1
Greiz, Landkreis 11 18/19 F 3
Greiz, Stadt 18/19 F 3
Gremminer See 12/13 GH 1
Grenada 34 FG 5
Greußen 14/15 E 3
Griechenland 32 F 5
Griefstedt 14/15 F 3
Grimma 12/13 H 2
Grimmenthal, Obermaßfeld- 16/17 C 3
Gröditz 12/13 J 2
Grönland 34 GH 2
Groitzsch 12/13 G 2
Groningen 28 B 2
Großalmerode 12/13 B 2
Großbartloff 14/15 B 2
Großbreitenbach 16/17 EF 3
Großbrembach 14/15 G 3
Großbritannien 32 C 3
Große Blöße 12/13 B 1
Große Röder 12/13 K 2
Großenehrich 14/15 E 3
Großengottern 14/15 D 3
Großenhain 12/13 K 2

Großenlüder 12/13 B 3
Großenstein 18/19 F 2
Großer Arber 28 E 4
Großer Auerberg 14/15 EF 1
Großer Beerberg 16/17 DE 3
Großer Farmdenkopf 20 D 2
Großer Finsterberg 16/17 E 3
Großer Gleichberg 20 B 3
Großer Goitzschesee 12/13 G 1
Großer Herrnkopf 6.2
Großer Inselsberg 16/17 D 2
Großer Kalmberg 16/17 F 2
Großer Knollen 12/13 C 1
Großer Kornberg 12/13 FG 4
Großer Rammelsberg 12/13 GH 4
Großer Steinberg 12/13 B 1
Großer Teich 2/13 H 1
Großeutersdorf 18/19 D 2
Großfahner 14/15 E 3
Großhainer Pflege 12/13 JK 2
Großheringen 14/15 H 3
Großlöbichau 18/19 D 2
Großlohra 14/15 D 2
Großmonra 14/15 G 3
Großneuhausen 14/15 G 3
Großobringen 14/15 G 3
Großpösna 12/13 H 2
Großpürschütz 18/19 D 2
Großräschen 12/13 KL 1
Großröhrsdorf 12/13 KL 2
Großrudestedt 14/15 F 3
Großschirma 12/13 J 3
Großschwabhausen 18/19 CD 2
Großvargula 14/15 E 3
Grünhain-Beierfeld 12/13 H 3
Grusinien → Georgien
Guatemala 34 E 5
Günstedt 14/15 F 3
Günthersleben-Wechmar 16/17 DE 2
Gütersloh 28 BC 3
Guinea 34 J 5
Guinea-Bissau 34 HJ 5
Gumperda 18/19 D 2
Gutenborn 18/19 F 1
Guthmannshausen 14/15 G 3
Guxhagen 12/13 AB 2
Guyana 34 G 5

H

Hackpfüffel, Brücken- 14/15 F 2
Hagen 28 B 3
Hahle 14/15 B 1
Hahnberg 16/17 B 3
Haina, Gera- 27.4
Hainich, Bergland 14/15 C 3
Hainich, Hörselberg- 16/17 CD 1
Hainichen 12/13 J 3
Hainleite 14/15 DE 2
Hainrode 14/15 D 2
Hainspitz 18/19 E 2
Haiti 34 F 5
Halle 28 E 3
Hallenberg, Steinbach- 16/17 D 3
Halsbrücke 12/13 J 3
Hamburg, Bundesland 30 D 2
Hamburg, Stadt 28 D 2
Hameln 28 C 2
Hamm 28 B 3
Hammelburg 12/13 B 4
Hammelsberg 8.1
Hannover 28 CD 2
Hans-Sachs-Kopf 8.1
Hardegsen 12/13 B 1
Hardenberg, Nörten- 12/13 BC 1
Hardisleben 14/15 G 3
Harra 19/13 D 4
Harth-Pöllnitz 18/19 E 3
Hartenstein 18/19 H 3
Hartha 12/13 HJ 2
Hartmannsdorf (bei Chemnitz) 12/13 H 3
Hartmannsdorf (bei Eisenberg) 18/19 E 2
Harz 28 D 3
Harzgerode 12/13 E 1
Harztor 14/15 DE 1
Hasel 16/17 CD 3
Haselbach 18/19 G 1
Haßberge 12/13 CD 4
Hasselfelde, Oberharz am Brocken- 12/13 D 1
Haßlach 12/13 E 4
Haßlau, Wilkau- 18/19 H 3
Haßleben 14/15 EF 3
Hattorf 12/13 C 1
Haune 12/13 B 3

Hausen (bei Leinefelde-Worbis) 14/15 C 2
Hausen (Rhön) 16/17 B 3
Hauteroda 14/15 G 2
Havel 28 E 2
Haynrode 14/15 C 2
Heichelheim 14/15 G 3
Heideland 18/19 E 1
Heidelberg 28 C 4
Heidersbach, Suhl- 27.1
Heilbronn 28 C 4
Heiligenstadt 14/15 BC 2
Heinrichs, Suhl- 27.1
Heinsdorfergrund 18/19 G 3
Helbe 14/15 F 3
Helbedündorf 14/15 D 2
Heldburg-Bad Colberg 20 BC 3
Heldrungen 14/15 FG 2
Helgoland 28 BC 1
Hellingen 20 B 3
Helmbrechts 12/13 F 4
Helme 14/15 F 2
Helmegraben 14/15 G 2
Helmsdorf 14/15 C 2
Helsa 12/13 B 2
Helsinki 32 F 2
Hendungen 16/17 C 4
Henfstädt 20 B 2
Henneberg 16/17 C 4
Henschleben 14/15 E 3
Herbsleben 14/15 E 3
Herbstadt 20 B 3
Herford 28 C 2
Heringen (an der Helme) 14/15 E 2
Heringen (an der Werra) 16/17 A 2
Herleshausen 16/17 B 1
Hermannskoppe 12/13 AB 4
Hermsdorf 18/19 E 2
Herpf 16/17 C 3
Herrenhof 17/17 D 2
Herrmannsacker 14/15 E 1
Herrnschwende 14/15 F 3
Herschdorf 16/17 F 3
Herzberg (an der Schwarzen Elster) 12/13 J 1
Herzberg (Harz) 12/13 C 1
Herzogseiche 8.1
Hessen 30 C 3
Hessisch Lichtenau 12/13 B 2
Hettstedt 12/13 F 1
Heuthen 14/15 B 2
Heyda, Talsperre 16/17 E 3
Heygendorf 14/15 G 2
Hildburghausen, Landkreis 11 20 BC 3
Hildburghausen, Stadt 20 B 3
Hilders 16/17 B 3
Hildesheim 28 CD 2
Hintere Heide 18/19 CD 3
Hirschberg 18/19 E 4
Hirschfeld 18/19 G 3
Hochheim 16/17 D 1
Höheberg 14/15 B 2
Hörsel, Fluss 16/17 C 2
Hörsel, Ort 16/17 D 2
Hörselberge 16/17 C 2
Höxter 12/13 A 1
Hof 28 D 3
Hofbieber 12/13 B 3
Hofgeismar 12/13 AB 2
Hofheim 12/13 CD 4
Hohe Rhön 12/13 BC 4
Hohe Schrecke 14/15 G 2/3
Hohe Sonne 8.1
Hohe Warte 12/13 E 1
Hohenfelden 16/17 F 2
Hohengandern 14/15 A 2
Hohenkirchen 16/17 D 2
Hohenleuben 18/19 F 3
Hohenmölsen 12/13 G 2
Hohenroda 16/17 A 2
Hohenstein (bei Nordhausen) 14/15 D 1
Hohenstein-Ernstthal 12/13 H 3
Hohenwartetalsperre 18/19 D 3
Hoher Meißner → Meißner, Bergmassiv
Hoher Stern 16/17 B 3
Hohes Kreuz 14/15 B 2
Hohndorf 18/19 H 3
Holzland 18/19 DE 2
Holzsußra 14/15 D 2
Homberg 12/13 A 2
Honduras 34 EF 5
Hopfgarten 16/17 F 2
Horstsee 12/13 H 2
Hoyerswerda 28 EF 3

Namensregister

Hranice 12/13 G 4
Hümpfershausen 16/17 BC 3
Hünfeld 12/13 B 3
Hummelshain 18/19 D 2
Hundeshagen 14/15 C 2
Hundhaupten 18/19 EF 2
Hundsberg 6.2
Hunsrück 28 B 4
Hunte 28 C 2
Hutberg 6.2

I

Ichstedt 14/15 F 2
Ichtershausen 16/17 E 2
Ifta 14/15 B 3
Ilm (zur Saale) 12/13 E 2
Ilm-Kreis 11 16/17 E 2
Ilmenau 16/17 E 3
Ilmtal 16/17 F 2
Immelborn 16/17 C 2
Immenhausen 12/13 AB 2
Indien 34 NO 4
Indonesien 34 PQ 6
Ingolstadt 28 D 4
Inn 28 E 4
Innsbruck 28 D 5
Irak 34 M 4
Iran 34 M 4
Irland 32 C 3
Isar 28 E 4
Island 32 AB 2
Israel 32 G 5
Isseroda 16/17 FG 2
Issigau 18/19 D 4
Italien 32 DE 4
Itz 12/13 D 4

J

Jáchymov 12/13 H 4
Jagst 28 C 4
Jahnsdorf 12/13 H 3
Jamaika 34 EF 5
Japan 34 R 4
Jemen 34 M 5
Jena-Ost, Jena- 27.3
Jena, Stadt 18/19 D 2 27.3
Jena, Stadtkreis 11
Jenaprießnitz, Jena- 27.3
Jerusalem 32 G 5
Jeßnitz, Raguhn- 12/13 G 1
Johanngeorgenstadt 12/13 H 4
Jonaswalde 18/19 G 2
Jordan 14/15 E 3
Jordanien 32 G 5
Judenbach 20 D 3
Jückelberg 18/19 H 2

K

Kaaden 12/13 J 4
Kadaň 12/13 J 4
Kämmersberg 6.2
Kahla 18/19 D 2
Kahler Berg 6.2
Kaimberg, Gera- 27.4
Kaiserpfalz 14/15 GH 3
Kaiserslautern 28 B 4
Kaiserwald 12/13 H 4
Kalawa 12/13 K 1
Kalbach 12/13 B 4
Kalbsrieth 14/15 G 2
Kalefeld 12/13 BC 1
Kallmerode 14/15 C 2
Kaltenlengsfeld 16/17 B 3
Kaltennordheim 16/17 B 3
Kaltensundheim 16/17 B 3
Kaltenwestheim 16/17 B 3
Kambodscha 34 P 5
Kamerun 34 K 5
Kammerforst 14/15 C 3
Kamsdorf 18/19 C 3
Kanada 34 D-F 3
Kannawurf 14/15 F 2
Kap Arkona 28 E 1
Kapellendorf 18/19 C 2
Karlovy Vary 12/13 HJ 4
Karlsbad 12/13 H 4
Karlsruhe 28 C 4
Karsdorf 14/15 H 2
Kasachstan 34 MN 3
Kassel 28 C 3
Katar 34 M 4
Katlenburg-Lindau 12/13 BC 1
Katzhütte 18/19 B 3
Kauern 18/19 F 2
Kaufungen 12/13 B 2
Kaufunger Wald 12/13 B 2
Kaulsdorf 18/19 C 3
Kautsberge 6.2
Kefferhausen 14/15 BC 2
Kehmstedt 14/15 D 2
Keilberg 28 E 3
Kelbra, Ort 14/15 F 2

Kelbra, Rückhaltebecken 14/15 E 2
Kelbra, Talsperre 14/15 EF 2
Kella 14/15 B 3
Kemberg 12/13 H 1
Kemnath 12/13 F 5
Kempten 28 D 5
Kenia 34 LM 5
Kesselberg 12/13 KL 1
Keulenberg 12/13 KL 2
Kickelhahn 16/17 E 3
Kiel 28 D 1
Kieselbach, Merkers- 16/17 B 2
Kiew 32 G 3
Kindelbrück 14/15 F 2
Kirchberg 12/13 GH 3
Kirchgandern 14/15 A 2
Kirchhain, Doberlug- 12/13 JK 1
Kirchhasel, Uhlstädt- 18/19 C 2/3
Kirchheiligen 14/15 D 3
Kirchheim 16/17 F 2
Kirchworbis 14/15 C 2
Kirgisistan 34 NO 3
Kitzscher 12/13 H 2
Kladno 28 EF 3
Klášterec 12/13 J 4
Kleinbartloff 14/15 C 2
Kleinbodungen 14/15 D 2
Kleinbrembach 14/15 FG 3
Kleine Elster 12/13 JK 1
Kleineutersdorf 18/19 D 3
Kleinfurra 14/15 DE 2
Kleinmölsen 14/15 F 3
Kleinneuhausen 14/15 G 3
Kleinobringen 14/15 G 3
Klettbach 16/17 F 2
Klingenthal 12/13 G 4
Klings 16/17 B 3
Klösterle 12/13 J 4
Kloster Veßra 20 B 2/3
Knau 18/19 D 3
Knüllgebirge 12/13 AB 3
Koblenz 28 B 3
Kölleda 14/15 G 3
Köln 28 B 3
Königsbrück 12/13 KL 2
Königsburg 16/17 B 4
Königsee-Rottenbach 16/17 F 3
Könnern 12/13 F 1
Körner 14/15 D 3
Kösseine 12/13 FG 5
Köthen 12/13 G 1
Kohlberg 8.1
Kohren-Sahlis 18/19 H 1
Kohrener Land 14/15 H 2/3
Kolumbien 34 F 5
Komoren 34 M 6
Komotau 28 E 3
Kongo 34 K 5/6
Konstanz 28 C 5
Kopenhagen 32 DE 3
Korbußen 18/19 F 2
Korsika 32 D 4
Kosovo 32 F 4
Kospoda 18/19 D 3
Kraftsdorf 18/19 E 2
Kraja 14/15 D 2
Kranichfeld 16/17 FG 2
Kraslice 12/13 H 4
Krauthausen 16/17 BC 1
Krautheim 14/15 G 3
Krebeck 14/15 B 1
Kreck 20 B 3
Kremnitz 18/19 C 4
Kreta 32 F 5
Kretzschau 18/19 F 1
Kreuzberg 12/13 BC 4
Kreuzebra 14/15 C 2
Kriebitzsch 18/19 G 1
Kriebstein, Talsperre 12/13 J 2
Krim 32 G 4
Kroatien 32 E 4
Krölpa 18/19 D 3
Kromsdorf 18/19 C 1
Kronach 12/13 E 4
Kuba 34 EF 4
Kühndorf 16/17 C 3
Küllstedt 14/15 BC 2
Künzell 12/13 B 3
Küps 12/13 E 4
Küstenkanal 28 B 2
Kulmbach 12/13 EF 4
Kulpenberg 14/15 F 2 6.2
Kunitz, Jena- 27.3
Kuppenrhön 12/13 B 3
Kutzleben 14/15 E 3
Kuwait 34 M 4
Kyffhäuser 14/15 F 2 6.2
Kyffhäuserberg 6.2
Kyffhäuserkreis 11 14/15 E 2

Kyffhäuserland, Gemeinde 14/15 EF 2

L

Laasdorf 18/19 D 2
Laasen, Gera- 27.4
Lahn 28 B 3
Landolfshausen 14/15 B 1
Landsberg 12/13 G 1
Landshut 28 DE 4
Langenberg, Gera- 27.4
Langenberger Höhe 12/13 H 3
Langenbernsdorf 18/19 FG 2
Langenleuba-Niederhain 18/19 H 2
Langenorla 18/19 D 3
Langenweißbach 18/19 H 3
Langenwetzendorf 18/19 F 3
Langenwolschendorf 18/19 E 3
Langewiesen 16/17 E 3
Langfastberg 12/13 C 1
Lanitz-Hassel-Tal 14/15 H 3
Laos 34 P 4/5
Laucha 14/15 H 3
Lauchhammer 12/13 K 1
Lauer 12/13 C 4
Lauscha 18/19 B 4
Lausitzer Neiße 28 F 3
Lausnitz 18/19 D 3
Lautenberg 27.1
Lauter, Ort 12/13 H 4
Lauter, Suhl- 27.1
Lauterbach (Hainich) 14/15 C 3
Lauterbach (Hessen) 12/13 AB 3
Lautertal 20 CD 3
Lederhose 18/19 E 2
Leeuwarden 28 AB 2
Lehdenberg 14/15 D 3
Lehesten (bei Apolda) 18/19 C 4
Lehesten (bei Ludwigsstadt) 18/19 D 2
Lehnstedt 18/19 C 2
Leibis-Lichte, Talsperre 18/19 B 3
Leimbach 16/17 B 2
Leimenberg 8.1
Leinatal 16/17 D 2
Leine (zur Aller) 28 C 2/3
Leine (zur Helme) 14/15 F 2
Leinebergland 14/15 AB 1/2
Leinefelde-Worbis 14/15 C 2
Leipzig 28 E 3
Leipziger Tieflandsbucht 12/13 GH 2
Leisnig 12/13 H 2
Lemnitz 18/19 E 3
Lengefeld 12/13 J 3
Lengenfeld 20 B 2
Lenterode 14/15 B 2
Lesotho 34 L 7
Lettland 32 F 3
Leumnitz, Gera- 27.4
Leuna 12/13 G 2
Leutenberg 18/19 CD 3
Leutenthal 14/15 G 3
Leutersdorf 16/17 D 3
Leutra, Jena- 27.3
Libanon 32 G 5
Liberia 34 J 5
Libyen 34 KL 4
Lichte 18/19 B 3
Lichtenau 12/13 H 3
Lichtenberg 18/19 D 4
Lichtenfels 12/13 E 4
Lichtenhain, Jena- 27.3
Lichtenstein 18/19 H 2
Lichtentanne 18/19 G 3
Liebenstein 16/17 E 2
Liebstedt 14/15 G 3
Liechtenstein 32 DE 4
Lietzsch, Gera- 27.4
Limbach (Vogtland) 18/19 G 3
Limbach-Oberfrohna 12/13 H 3
Linda (bei Gera) 18/19 F 2
Linda (bei Neustadt) 18/19 E 3
Lindau, Katlenburg- 12/13 BC 1
Lindenkreuz 18/19 E 2
Lingen 28 B 2
Linsenhof, Suhl- 27.1
Linz 28 F 4
Lippe 28 C 3
Lippersdorf-Erdmannsdorf 18/19 E 2
Lipprechterode 14/15 D 2
Lissabon 32 C 5
Litauen 32 F 3
Ljubljana 32 E 4
Lobeda, Jena- 27.3
Lober 12/13 G 1
Löbstedt, Jena- 27.3
Lödla 18/19 G 2
Löhma 18/19 E 3

Lößnitz 12/13 H 3
Lohfelden 12/13 B 2
Lommatzsch 12/13 J 2
Lommatzscher Pflege 12/13 J 2
London 32 CD 3
Loquitz 18/19 C 3
Lossa 14/15 F 2/3
Lotschen, Ruttersdorf- 18/19 DE 2
Luby 12/13 GH 4
Lucka 18/19 G 1
Ludwigsau 12/13 B 3
Ludwigsburg 28 C 4
Ludwigshafen 28 BC 4
Ludwigsstadt 18/19 C 4
Lübeck 28 D 2
Lüneburg 28 CD 2
Lüneburger Heide 28 CD 2
Lützeroda, Jena- 27.3
Lugau 12/13 H 3
Luisenthal 16/17 D 2
Lumpzig 18/19 G 2
Lusan, Gera- 27.4
Lutherstadt Eisleben 12/13 F 1
Lutter, Fluss 14/15 C 1
Lutter, Ort 14/15 B 2
Luxemburg, Staat 32 D 3/4
Luxemburg, Stadt 28 D 4

M

Machern 12/13 H 2
Mackenrode 14/15 B 2
Madagaskar 34 M 6/7
Madrid 32 C 4
Magdala 18/19 C 2
Magdeburg 28 D 2
Main 28 D 3
Mainleus 18/19 E 4
Mainz 28 BC 4
Malawi 34 L 6
Malaysia 34 P 5
Malediven 34 N 5
Mali 34 JK 5
Malta 32 E 5
Mannheim 28 C 4
Mannstedt 14/15 G 3
Mansfeld 12/13 E 1
Mansfelder Land, Landschaft 12/13 EF 1/2
Mansfelder Land, Seegebiet 12/13 EF 2
Marburg 28 C 3
Mariánské Lázně 12/13 H 5
Marienbad 12/13 H 5
Marienberg 12/13 J 3
Marisfeld 16/17 D 3
Markersbach, Raschau- 12/13 H 3/4
Markkleeberg 12/13 G 2
Markneukirchen 12/13 G 4
Markranstädt 12/13 G 2
Marksuhl 16/17 B 2
Marktgölitz 18/19 C 3
Marktgraitz 20 D 4
Marktredwitz 12/13 FG 4
Marktzeuln 20 D 4
Markvippach 14/15 F 3
Marokko 34 J 4
Maroldsweisach 20 B 4
Marolterode 14/15 D 3
Marth 14/15 B 2
Martinroda (bei Ilmenau) 16/17 E 3
Martinroda (bei Vacha) 16/17 B 2
Masserberg 20 C 2
Mattstedt 14/15 G 3
Maua, Jena- 27.3
Mauretanien 34 J 4/5
Mauritius 34 MN 7
Mazedonien 32 F 4
Mechelroda 18/19 C 2
Mecklenburg-Vorpommern 30 DE 2
Mecklenburgische Seenplatte 28 DE 2
Meeder 20 C 3
Meerane 18/19 GH 2
Mehlis, Zella- 16/17 D 3
Mehmels 16/17 C 3
Mehna 18/19 G 2
Meineweh 18/19 EF 1#
Meinhard 14/15 B 3
Meiningen 16/17 C 3
Meißen 12/13 J 2
Meißner, Bergmassiv 12/13 B 2
Meißner, Ort 14/15 A 3
Mellenbach-Glasbach 18/19 B 3
Mellingen 18/19 C 2
Mellrichstadt 16/17 BC 4
Melsungen 12/13 AB 2
Menteroda 14/15 D 2

Merkelsgrün 12/13 H 4
Merkers-Kieselbach 16/17 B 2
Merklin 12/13 H 4
Merseburg 12/13 FG 2
Mertendorf 18/19 E 1
Metz 28 B 4
Metzels 16/17 C 3
Meura 18/19 B 3
Meuselbach-Schwarzmühle 18/19 B 3
Meuselwitz 18/19 G 1
Mexiko 34 DE 4/5
Michelau 12/13 E 4
Miesitz 18/19 E 3
Mihla 14/15 B 3
Mikronesien 34 R 5
Milda 18/19 C 2
Milseburg 16/17 A 3
Milz 12/13 C 4
Minden 28 C 2
Minsk 32 F 3
Mittellandkanal 28 BC 2
Mittelmeer 32 D-G 5
Mittelpöllnitz 18/19 E 2
Mitterteich 12/13 G 5
Mittlerer Höhenberg 16/17 CD 2
Mittweida 12/13 H 3
Mitwitz 20 D 4
Mockrehna 12/13 H 1
Möhrenbach 16/17 E 3
Mönchengladbach 28 B 3
Mönchenholzhausen 16/17 F 2
Mönchpfiffel-Nikolausrieth 14/15 G 2
Mörsdorf 18/19 E 2
Mohlsdorf-Teichwolframsdorf 18/19 FG 3
Molauer Land 18/19 E 1
Moldau, Fluss 28 F 4
Moldau, Staat 32 F 4
Molschleben 16/17 E 1
Monaco 32 D 4
Mongolei 34 OP 3
Monstab 18/19 G 2
Montenegro 32 E 4
Moorgrund 16/17 C 2
Moringen 12/13 B 1
Mosambik 34 L 6/7
Mosbach 8.1
Mosbacher Linde 8.1
Mosel 28 B 3
Moskau 32 G 3
Moßbach 18/19 E 3
Mücheln 12/13 F 2
Mügeln 18/19 HJ 2
Mühlhausen 14/15 C 3
Mühltroff 18/19 E 3
Mülsen 18/19 H 3
Mülverstedt 14/15 C 3
Münchberg 12/13 F 4
Münchenbernsdorf 18/19 E 2
Münden 12/13 B 2
Münnerstadt 12/13 C 4
Münster 28 B 2
Münsterland 28 B 3
Müritz 28 E 2
Mulde 28 E 3
Muldestausee, Gemeinde 12/13 GH 1
Muldestausee 12/13 G 1
Myanmar 34 O 4
Mylau 18/19 G 3

N

Naab 28 E 4
Nahe (zum Rhein) 28 B 4
Nahe (zur Schleuse) 20 C 2
Nahetal-Waldau 20 C 2
Naila 12/13 F 4
Namibia 34 K 6/7
Narsdorf 18/19 H 1
Nassacher Höhe 20 AB 4
Nathe 14/15 E 3
Naturpark Thüringer Wald 8.1
Nauendorf 16/17 F 2
Naumburg 12/13 F 2
Naundorf 18/19 G 2
Naunhof 12/13 H 2
Nazza 14/15 B 3
Nebra 14/15 H 2
Neckar 28 C 4
Neidhartshausen 16/17 B 3
Nejdek 12/13 H 4
Nentershausen 16/17 A 1
Nepal 34 O 4
Nesse-Apfelstädt 16/17 E 2
Nesse 16/17 E 2
Netzschkau 18/19 F 3
Neu-Eichenberg 14/15 A 2
Neubrandenburg 28 E 2
Neubrunn 16/17 CD 3

Namensregister

Neudeck 12/13 H 4
Neuendorf 14/15 B 2
Neuengönna 18/19 D 2
Neuhaus am Rennweg 20 D 2/3
Neuhaus-Schierschnitz 20 D 3
Neuhof 12/13 B 4
Neukieritzsch 12/13 G 2
Neukirchen (an der Pleiße) 18/19 G 2
Neukirchen (bei Chemnitz) 12/13 H 3
Neumark (bei Weimar) 14/15 G 3
Neumark (bei Zwickau) 18/19 G 3
Neumühle 18/19 F 3
Neumünster 28 D 1
Neundorf (bei Bad Lobenstein) 18/19 D 4
Neundorf (bei Schleiz) 18/19 DE 3
Neunheilingen 14/15 D 3
Neuruppin 28 E 2
Neuseeland 34 S 7/8
Neustadt (an der Orla) 18/19 D 3
Neustadt (bei Coburg) 20 D 3
Neustadt (Harz) 14/15 E 1
Neustadt am Rennsteig 16/17 E 3
Neuwied 28 BC 3
Nicaragua 34 EF 5
Niederaula 12/13 B 3
Niederbayern 28 DE 4
Niedergebra 14/15 D 2
Niedergrunstedt, Weimar- 27.2
Niederhain, Langenleuba- 18/19 H 2
Niederlande 32 D 3
Niederlausitz 28 EF 3
Niederorschel 14/15 C 2
Niederroßla 14/15 G 3
Niedersachsen 30 B-D 2
Niedertrebra 14/15 H 3
Niederwerrn 12/13 C 4
Niederwiesa 14/15 H 3
Niederzimmern 16/17 FG 1
Niestetal 12/13 B 2
Niger 34 K 5
Nigeria 34 K 5
Nikolausrieth, Mönchpfiffel- 14/15 G 2
Nikosia 32 G 5
Nimritz 18/19 D 3
Nimwegen 28 AB 3
Nobitz 18/19 GH 2
Nöbdenitz 18/19 G 2
Nöda 14/15 F 3
Nörten-Hardenberg 12/13 BC 1
Nohra (bei Nordhausen) 14/15 D 2
Nohra (bei Weimar) 16/17 F 2
Nord-Ostsee-Kanal 28 C 1/2
Nordfriesische Inseln 28 C 1
Nordfriesland 28 C 1
Nordhalben 18/19 CD 4
Nordhausen, Landkreis 11 14/15 D 1
Nordhausen, Stadt 14/15 E 1
Nordheim 18/19 H 4
Nordhorn 28 B 2
Nordkorea 34 Q 3/4
Nordrhein-Westfalen 30 BC 3
Nordsee 32 C 3
Northeim 12/13 C 1
Norwegen 32 DE 2/3
Nossen 12/13 J 2
Nottleben 16/17 E 2
Nünchritz 12/13 J 2
Nürnberg 28 D 4

O

Oberaula 12/13 A 3
Oberbayern 28 DE 4
Oberbodnitz 18/19 D 2
Oberbösa 14/15 F 2
Oberdorla, Vogtei- 12/13 C 2
Oberelsbach 16/17 B 4
Oberfrohna, Limbach- 12/13 H 3
Oberhain 16/17 F 3
Oberharz am Brocken, Gemeinde 12/13 D 1
Oberharz, Landschaft 12/13 CD 1
Oberheldrungen 14/15 FG 2
Oberhof 16/17 D 3
Oberkatz 16/17 C 3
Oberkotzau 12/13 F 4
Oberland am Rennsteig, Gemeinde 18/19 B 4
Oberland, Landschaft 18/19 E 3
Oberlausitz 28 F 3
Oberlungwitz 12/13 H 3
Obermaßfeld-Grimmenthal 16/17 C 3
Obermehler 14/15 D 2
Obernfeld 14/15 BC 1
Oberpfälzer Wald 28 E 4
Oberschönau 16/17 D 3
Oberschwaben 28 CD 4/5
Oberstadt 16/17 D 3
Oberstreu 16/17 C 4
Oberthulba 12/13 B 4
Obertrebra 14/15 H 3
Obervolta → Burkina Faso
Oberweid 16/17 B 3
Oberweimar, Weimar- 27.2
Oberweißbach 18/19 B 3
Oberwiera 18/19 H 2
Oberwiesenthal 12/13 H 4
Ochsenkopf 12/13 F 4
Odenwald 28 C 4
Oder (zur Rhume) 12/13 C 1
Oder (zur Ostsee) 28 F 2
Oderstausee 12/13 D 1
Oechsen 16/17 B 3
Öchsen 16/17 B 2
Oederan 12/13 J 3
Oelsnitz (bei Chemnitz) 12/13 H 3
Oelsnitz (Vogtland) 12/13 G 4
Oepfershausen 16/17 BC 3
Oerlenbach 12/13 C 4
Österreich 32 E 4
Östliches Harzvorland 12/13 F 1
Oettersdorf 18/19 E 3
Offenbach 28 C 3
Offenburg 28 BC 4
Ohmgebirge 14/15 C 2
Ohne 14/15 C 2
Ohratalsperre 16/17 D 2/3
Ohrdruf 16/17 E 2
Ohře 12/13 J 4
Okrilla, Ottendorf- 12/13 K 2
Olbernhau 12/13 J 3
Olbersleben 14/15 G 3
Oldenburg 28 BC 2
Oldisleben 14/15 F 2
Ollendorf 14/15 F 3
Oman 34 M 4/5
Oppershausen 14/15 C 3
Oppurg 18/19 D 3
Orla 18/19 D 3
Orlamünde 18/19 CD 2
Orlasenke 18/19 CD 3
Oschatz 12/13 J 2
Oslo 32 E 2
Osnabrück 28 C 2
Oßmannstedt 14/15 G 3
Oßmaritz 27.3
Osterfeld 18/19 E 1
Osterland 18/19 GH 2
Osterode 12/13 C 1
Osthausen-Wülfershausen 16/17 F 2
Ostheim 16/17 B 4
Ostramondra 14/15 G 3
Ostrov 12/13 HJ 4
Ostsee 32 EF 3
Osttimor 34 Q 6
Ottendorf (bei Hermsdorf) 18/19 E 2
Ottendorf-Okrilla 12/13 K 2
Ottstedt 16/17 F 1

P

Paderborn 28 C 3
Paitzdorf 18/19 F 2
Pakistan 34 N 4
Palau 34 Q 5
Panama 34 EF 5
Papua-Neuguinea 34 R 6
Paraguay 34 FG 7
Paris 32 D 4
Passau 28 E 4
Pausa 18/19 E 3
Pechleite 20 CD 3
Penig 12/13 H 3
Pennewitz 16/17 F 3
Peru 34 F 6
Petersberg, Berg 8.1
Petersberg, Ort (bei Eisenberg) 18/19 E 2
Petersberg, Ort (bei Fulda) 12/13 B 3
Petersberg, Ort (bei Halle) 12/13 FG 1
Petriroda 16/17 D 2
Peuschen 18/19 D 3
Pfaffenberg 12/13 G 4
Pfaffschwende 14/15 B 2
Pferdingsleben 16/17 E 2
Pfiffelbach 14/15 G 3
Pforten, Gera- 27.4
Pforzheim 28 C 4
Philippinen 34 Q 5
Phillipsthal 16/17 AB 2
Piesau 18/19 B 3
Pilsen 28 E 4
Platte 12/13 G 5
Plaue 16/17 E 2
Plauen 12/13 G 3
Pleiße 12/13 G 2
Pleß 16/17 B 2/3
Plothen 18/19 DE 3
Plothener Teiche 18/19 DE 3
Pockau 12/13 J 3
Podgorica 32 E 4
Pöhl, Gemeinde 18/19 F 3
Pöhl, Talsperre 18/19 F 3
Pöllnitz, Harth- 18/19 E 3
Pölzig 18/19 F 2
Pößneck 18/19 D 3
Polen 32 EF 3
Ponitz 18/19 G 2
Poppenberg 14/15 E 1
Portugal 32 C 4/5
Posterstein 18/19 G 2
Potsdam 28 E 2
Pottiga 18/19 D 4
Prag 28 E 3
Pressig 18/19 C 4
Prignitz 28 DE 2
Priština 32 F 4
Probstzella 18/19 C 3
Pulsnitz, Fluss 12/13 K 2
Pulsnitz, Ort 12/13 KL 2

Q

Quedlinburg 12/13 E 1
Querfurt 12/13 EF 2

R

Rabat 32 C 5
Rackwitz 12/13 G 2
Radeburg 12/13 K 2
Radonice 12/13 J 4
Radonitz 12/13 J 4
Raguhn-Jeßnitz 12/13 G 1
Ramberg 12/13 E 1
Ramsla 14/15 G 3
Ranis 18/19 D 3
Rappbodetalsperre 12/13 DE 1
Raschau-Markersbach 12/13 H 3/4
Rasdorf 16/17 A 3
Rastenberg 14/15 G 3
Rathsfeld 6.2
Rauda 18/19 E 2
Redwitz 20 D 4
Regen 28 E 4
Regensburg 28 E 4
Regis-Breitingen 18/19 GH 1
Regnitz 28 D 4
Rehau 12/13 G 4
Rehberg 8.1
Reichenbach (bei Hermsdorf) 18/19 E 2
Reichenbach (Frankenwald) 18/19 C 4
Reichenbach (bei Zwickau) 18/19 G 3
Reichmannsdorf 18/19 C 3
Reichstadt 18/19 FG 2
Reifenstein 14/15 C 2
Reinhardshagen 12/13 B 1/2
Reinhardswald 12/13 AB 1/2
Reinholterode 14/15 B 2
Reinsdorf (bei Artern) 14/15 G 2
Reinsdorf (bei Zwickau) 18/19 H 3
Reinstädt 18/19 C 2
Reisdorf 14/15 H 3
Remda-Teichel 18/19 BC 2
Remptendorf 18/19 D 3
Remse 18/19 H 2
Remstädt 18/19 D 2
Rendsburg 28 C 1
Renthendorf 18/19 E 2
Reurieth 20 B 3
Reuss 28 C 5
Reuth 18/19 E 4
Reval → Tallinn
Reykjavík 32 AB 2
Rhein 28 B 3
Rheine 28 B 2
Rheinland-Pfalz 30 BC 3/4
Rhön 28 CD 3
Rhönblick 16/17 BC 3
Rhume 14/15 B 1
Rhumspringe 14/15 C 1
Riechheimer Berg 16/17 F 2
Ried 14/15 F 2
Riemberg 6.2
Riesa 12/13 J 2
Riethnordhausen 14/15 F 3
Riga 32 F 3
Ringgau, Bergrücken 14/15 B 3
Ringgau, Ort 14/15 B 3
Ringleben (an der Gera) 14/15 E 3
Ringleben (bei Artern) 14/15 F 2
Rippershausen 16/17 C 3
Ritschenhausen 16/17 C 3
Rittersdorf 16/17 F 2
Rochlitz 12/13 H 2
Rockhausen 16/17 F 2
Roda 18/19 D 2
Rodach 20 C 3
Rodeberg 14/15 C 3
Rodewisch 12/13 G 3
Röden 20 D 3
Rödental 20 D 3
Röhrig 14/15 B 2
Römhild 16/17 CD 4
Röppisch, Gera- 27.4
Röpsen, Gera- 27.4
Röslau 12/13 G 4
Rohr 16/17 CD 3
Rollshausen 14/15 B 1
Rom 32 E 4
Ronneburg 18/19 F 2
Ronshausen 16/17 A 2
Rosa 16/17 C 3
Rosdorf 14/15 A 2
Rosenbach 18/19 F 3
Rosenheim 28 DE 5
Rositz 18/19 G 1
Roßbach 12/13 G 4
Roßdorf 16/17 B 3
Roßlau, Dessau- 28 DE 3
Roßleben 14/15 G 2
Roßtrappe 12/13 DE 1
Roßwein 12/13 J 2
Rostock 28 E 1/2
Rotenburg 12/13 B 3
Roter Main 12/13 E 4
Rothaargebirge 28 C 3
Rothenhof, Eisenach- 8.1
Rothenstein 18/19 D 2
Rottenbach, Königsee- 16/17 F 3
Rotterode 16/17 D 3
Ruanda 34 L 6
Rudersdorf 14/15 G 3
Rudolstadt 18/19 BC 3
Rückersdorf 18/19 F 2
Rückhaltebecken Kelbra 14/15 E 2
Rückhaltebecken Straußfurt 14/15 E 3
Rüdershausen 14/15 C 1
Rügen 28 E 1
Ruhla 16/17 C 2
Ruhr 28 C 3
Rumänien 32 EF 4
Russische Föderation 32 HJ 3
Russland 32 G-J 3
Rustenfelde 14/15 B 2
Rutha, Jena- 27.3
Ruttersdorf-Lotschen 18/19 DE 2

S

Saalburg-Ebersdorf 18/19 D 3/4
Saale-Holzland-Kreis 11 18/19 DE 1/2
Saale-Orla-Kreis 11 18/19 D 3
Saale 28 D 3
Saaleplatte 14/15 H 3
Saalfeld 18/19 C 3
Saalfeld-Rudolstadt, Landkreis 11 18/19 BC 3
Saalfelder Höhe 18/19 C 3
Saar 28 B 4
Saara (bei Gera) 18/19 E 2
Saara (bei Schmölln) 18/19 G 2
Saarbrücken 28 B 4
Saarland 30 B 4
Sachsen-Anhalt 30 DE 2/3
Sachsen 30 E 3
Sachsenbrunn 20 C 3
Sachsenburg 12/13 G 3
Sachsenhausen 14/15 G 3
Sängerwiese 3.1
Sahlis, Kohren- 12/13 H 2
Saidenbachtalsperre 12/13 J 3
Saint Kitts und Nevis 34 FG 5
Saint Lucia 34 F 5
Saint Vincent und die Grenadinen 34 F 5
Salomonen 34 RS 6
Salza 12/13 F 1/2
Salzach 28 E 4/5
Salzatal 14/15 F 1
Salzburg 28 E 5
Salzburger Alpen 28 E 5
Salzgitter 28 D 2
Sambia 34 L 6
San Marino 32 E 4
Sandersdorf-Brehna 12/13 G 1
Sangerhausen 14/15 G 2
Sankt Bernhard 20 B 3
Sankt Egidien 18/19 H 2
Sankt Gangolf 18/19 E 2
Sankt Joachimsthal 12/13 H 4
Sankt Kilian 16/17 DE 3
São Tomé und Príncipe 34 JK 5/6
Sarajevo 32 E 4
Sardinien 32 D 4
Saudi-Arabien 34 LM 4
Sauerland 28 BC 3
Schachtebich 14/15 B 2
Schalkau 20 C 3
Scheibe-Alsbach 20 D 3
Scheden 12/13 B 2
Scheitsköpfe 6.2
Schenklengsfeld 16/17 A 2
Schierschnitz, Neuhaus- 20 D 3
Schimberg 14/15 B 2
Schkeuditz 12/13 G 2
Schkölen 18/19 E 1
Schkopau 12/13 FG 2
Schlackenwerth 12/13 HJ 4
Schlegel 18/19 D 4
Schleid 16/17 A 3
Schleifreisen 18/19 E 2
Schleiz 18/19 E 3
Schleswig-Holstein 30 CD 1
Schleuse 20 D 3
Schleusegrund 20 C 2
Schleusingen 20 B 2
Schlitz 12/13 B 3
Schlöben 18/19 D 2
Schloßvippach 14/15 F 3
Schlotheim 14/15 D 2
Schlüchtern 12/13 B 4
Schmalkalde 16/17 C 3
Schmalkalden 16/17 C 3
Schmalkalden-Meiningen, Landkreis 11 16/17 BC 3
Schmalwassertalsperre 16/17 D 2
Schmeheim 16/17 D 3
Schmiedefeld (Thüringer Schiefergebirge) 18/19 BC 3
Schmiedefeld am Rennsteig 16/17 E 3
Schmiedehausen 14/15 H 3
Schmieritz 18/19 E 3
Schmölln 18/19 G 2
Schmücke 14/15 G 3
Schnauder 12/13 G 2/3
Schnaudertal 18/19 F 2
Schneckenlohe 20 DE 4
Schneeberg, Berg 12/13 F 4
Schneeberg, Stadt 12/13 H 3
Schneekopf 16/17 E 3
Schömbach, Talsperre 18/19 H 2
Schönau (an der Brend) 16/17 B 4
Schönau, Fluss 16/17 D 3
Schönbach 12/13 GH 4
Schönberg 18/19 GH 2
Schönbrunn, Talsperre 16/17 E 3
Schöndorf (bei Schleiz) 18/19 D 3
Schöndorf, Weimar- 27.2
Schöngleina 18/19 D 2
Schönheide 12/13 GH 3/4
Schönstedt 14/15 D 3
Schöps 18/19 D 2
Schonungen 12/13 C 4
Schwabhausen 16/17 D 2
Schwäbische Alb 28 CD 4
Schwallungen 16/17 C 3
Schwarza, Fluss 18/19 B 3
Schwarza, Ort 16/17 CD 3
Schwarzburg 18/19 B 3
Schwarze Elster 12/13 J 1
Schwarzenbach (an der Saale) 12/13 F 4
Schwarzenbach (Frankenwald) 12/13 F 4
Schwarzenberg 12/13 H 3
Schwarzes Meer 32 GH 4
Schwarzheide 12/13 K 2
Schwarzmühle, Meuselbach- 18/19 B 3
Schwarzwald 28 C 4/5
Schweden 32 E 2/3
Schweinfurt 12/13 C 4
Schweiz 32 D 4
Schwenningen, Villingen- 28 C 4/5
Schwerin 28 D 2
Schwerstedt (bei Straußfurt) 14/15 F 3
Schwerstedt (bei Weimar) 14/15 G 3

Namensregister

Seebach 16/17 C 2
Seeburg 14/15 B 1
Seegebiet Mansfelder Land 12/13 EF 2
Seelhausener See 12/13 GH 1
Seelingstädt 18/19 FG 2
Sehmatal 12/13 HJ 3
Selb 12/13 G 4
Selbitz 12/13 F 4
Seligenthal, Floh- 16/17 CD 2
Selke 13/13 E 1
Senegal 34 HJ 5
Senftenberg 12/13 KL 1
Serba 18/19 E 2
Serbien 32 F 4
Seßlach 20 C 4
Seulingen 14/15 B 1
Seychellen 34 MN 6
Sickenberg 14/15 B 2
Sieg 28 B 3
Siegen 28 C 3
Sierra Leone 34 HJ 5
Silberhausen 14/15 C 2
Silbitz 18/19 F 2
Simbabwe 34 L 6
Singapur 34 P 5/6
Sinn 12/13 B 4
Sinntal 12/13 B 4
Sittendorf 6.2
Sitzendorf 16/17 F 3
Sizilien 32 E 5
Skopje 32 F 4
Slowakei 32 EF 4
Slowenien 32 E 4
Söhre 12/13 B 2
Sömmerda, Landkreis 11 14/15 F 3
Sömmerda, Stadt 14/15 F 3
Sösestausee 12/13 C 1
Sofia 32 F 4
Soisberg 16/17 A 2
Sokolov 12/13 H 4
Solgraben 6.2
Solingen 28 B 3
Solling 12/13 AB 1
Sollstedt 14/15 D 2
Somalia 34 M 5
Sondershausen 14/15 EF 2
Sondheim 16/17 B 4
Sonneberg, Landkreis 11 20 D 3
Sonneberg, Stadt 20 DE 3
Sonneborn 16/17 D 2
Sonnefeld 12/13 E 4
Sonnenstein 14/15 C 1
Sontra, Fluss 14/15 A 3
Sontra, Stadt 14/15 A 3
Sophienhöhe, Eisenach- 8.1
Sormitz 18/19 D 3
Spangenberg 12/13 B 2
Spanien 32 C 4
Speicherbecken Borna 12/13 GH 2
Speichersdorf 12/13 F 5
Spessart 28 C 3/4
Spree 28 F 3
Springstille 16/17 CD 3
Sprötau 14/15 F 3
Sprotte 18/19 G 2
Sri Lanka 34 O 5
Stadtilm 16/17 F 2
Stadtlengsfeld 16/17 B 2
Stadtroda 18/19 D 2
Staffelberg 12/13 E 4
Stallberg 12/13 B 3
Starkenberg 18/19 G 2
Staufenberg 14/15 B 2
Stehbergskopf 12/13 B 1
Steigerwald 28 D 4
Steigra 14/15 H 2
Steinach, Fluss 20 D 3
Steinach, Ort 20 D 3
Steinau 12/13 A 4
Steinbach (Eichsfeld) 14/15 BC 2
Steinbach am Wald 18/19 C 4
Steinbach-Hallenberg 16/17 D 3
Steinhübel 12/13 J 3
Steinsdorf 18/19 F 3
Stepfershausen 16/17 C 3
Stettin 28 F 2
Stiftland 12/13 G 5
Stockheim (bei Mellrichstadt) 16/17 C 4
Stockheim (Oberfranken) 12/13 E 4
Stockholm 32 E 3
Stöckei 6.2
Störmthaler See 12/13 GH 2
Stößen 18/19 E 1
Stolberg, Südharz- 14/15 E 1
Stollberg 12/13 H 3
Stralsund 28 E 1

Straßburg 28 B 4
Straufhain, Berg 20 B 3
Straufhain, Ort 20 B 3
Straußfurt 14/15 EF 3
Straußfurt, Rückhaltebecken 14/15 E 3
Streu 12/13 C 4
Striegistal 12/13 J 3
Struth 27.1
Stützerbach 16/17 E 3
Stuttgart 28 C 4
Sudan 34 L 5
Südafrika 34 KL 7
Südeichsfeld 14/15 C 3
Südharz, Gemeinde 14/15 F 2
Südkorea 34 Q 4
Südliches Anhalt 12/13 G 1
Südsudan 34 L 5
Sülzfeld 16/17 C 3
Süßer See 12/13 F 1
Suhl-Nord 27.1
Suhl, Stadt 16/17 D 3 27.1
Suhl, Stadtkreis 11
Suhle 14/15 B 1
Suhler Neundorf 27.1
Sulza 18/19 D 1
Sulzdorf an der Lederhecke 20 B 4
Sundhausen 14/15 D 3
Suriname 34 G 5
Swasiland 34 L 7
Sylt 28 C 1
Syrien 32 G 5

T

Tabarz 16/17 D 2
Tadschikistan 34 NO 4
Taiwan 34 Q 4
Tallinn 32 F 3
Talsperre Eibenstock 12/13 H 3
Talsperre Erletor 27.1
Talsperre Goldisthal 20 CD 2/3
Talsperre Heyda 16/17 E 3
Talsperre Kelbra 14/15 EF 2
Talsperre Kriebstein 12/13 J 2
Talsperre Leibis-Lichte 18/19 B 3
Talsperre Pöhl 18/19 F 3
Talsperre Schömbach 18/19 H 2
Talsperre Schönbrunn 16/17 E 3
Talsperre Windischleuba 18/19 GH 1
Talsperre Zeulenroda 18/19 E 3
Tambach-Dietharz 16/17 D 2
Tann 16/17 B 3
Tanna 18/19 E 4
Tansania 34 L 6
Tastungen 14/15 C 2
Taubach, Weimar- 27.2
Tauben-Preskeln, Gera- 27.4
Taucha 12/13 H 2
Tautenburg 18/19 D 2
Tautenhain 18/19 E 2
Tegau 18/19 E 3
Teichel, Remda- 18/19 BC 2
Teichwolframsdorf, Mohlsdorf- 18/19 FG 3
Teistungen 14/15 C 2
Tepler Hochland 12/13 HJ 4/5
Tettau 18/19 C 4
Teuchern 18/19 EF 1
Teufelskanzel 8.1
Teuschnitz 18/19 C 4
Teutleben, Eßleben- 14/15 G 3
Teutoburger Wald 28 BC 2/3
Teutschenthal 12/13 F 2
Thailand 34 OP 5
Thale 12/13 E 1
Thalheim 12/13 H 3
Thalwenden 14/15 B 2
Themar 20 B 2
Thieschitz, Gera- 27.4
Thonhausen 18/19 G 2
Thüringen 30 D 3
Thüringer Becken 14/15 EF 3
Thüringer Pforte 14/15 F 2
Thüringer Schiefergebirge 18/19 B 3/4
Thüringer Wald 16/17 DE 2/3
Thum 12/13 H 3
Tiefenort 16/17 B 2
Tiefurt, Weimar- 27.2
Tiflis 32 H 4
Tirana 32 E 4
Tirschenreuth 12/13 G 5
Töpen 18/19 E 4
Togo 34 K 5
Tonna 14/15 DE 3
Tonndorf 16/17 F 2
Topfstedt 14/15 E 2
Torgau 12/13 H 1
Trappstadt 20 B 3

Treben 18/19 G 1
Trebnitz, Gera- 27.4
Trebra 14/15 E 2
Treffurt 14/15 BC 3
Trendelburg 12/13 A 1
Trenkelhof, Eisenach- 8.1
Treuen 12/13 G 3
Triebes, Zeulenroda- 18/19 F 3
Trier 28 B 3
Trinidad und Tobago 34 FG 5
Tripolis 32 E 5
Triptis 18/19 E 2
Trockenborn-Wolfersdorf 18/19 D 2
Tröbnitz 18/19 D 2
Tröbsdorf, Weimar- 27.2
Tröchtelborn 16/17 E 2
Trogen 18/19 E 4
Troisdorf 28 B 3
Truse 16/17 C 2
Trusetal, Brotterode- 16/17 C 2
Tschad 34 KL 5
Tschechische Republik 32 E 4
Tschirn 18/19 C 4
Tübingen 28 C 4
Türkei 32 GH 5
Tüttleben 16/17 E 2
Tunesien 34 K 4
Tunis 32 E 5
Tunnelkopf 8.1
Turkmenistan 34 MN 3/4

U

Uckermark 28 EF 2
Uder 14/15 B 2
Udersleben 6.2
Udestedt 14/15 F 3
Uebigau-Wahrenbrück 12/13 J 1
Uganda 34 L 5/6
Uhlstädt-Kirchhasel 18/19 C 2/3
Ukraine 32 FG 4
Ulm 28 C 4
Ulster 16/17 A 3
Ummerstadt 20 C 3
Umpferstedt 18/19 C 2
Ungarn 32 EF 4
Unkeroda, Wolfsburg- 16/17 BC 2
Unsleben 16/17 C 4
Unstrut 28 D 3
Unstrut-Hainich-Kreis 11 14/15 CD 3
Unstruttal 14/15 C 3
Unterbreizbach 16/17 AB 2
Unterharz 12/13 DE 1
Unterkatz 16/17 C 3
Untermaßfeld 16/17 C 3
Unterschönau 16/17 D 3
Unterwied 16/17 B 3
Unterweißbach 16/17 F 3
Unterwellenborn 18/19 C 3
Urbach, Fluss 14/15 E 2
Urbach, Ort 14/15 E 2
Urleben 14/15 E 3
Urnshausen 16/17 B 3
Uruguay 34 G 7
USA → Vereinigte Staaten
Usbekistan 34 MN 3/4
Usedom 28 EF 1
Uslar 12/13 B 1
Utendorf 16/17 C 3

V

Vacha 16/17 B 2
Vachdorf 16/17 D 3
Vaduz 32 DE 4
Valletta 32 E 5
Vatikanstadt 32 E 4
Vechta 28 BC 2
Veilsdorf 20 C 3
Vejprty 12/13 J 3
Vellmar 12/13 AB 2
Venezuela 34 F 5
Venlo 28 AB 3
Vereinigte Arabische Emirate 34 M 4
Vereinigte Staaten 34 DE 3/4
Viernau 16/17 D 3
Vietnam 34 P 4/5
Villingen-Schwenningen 28 C 4/5
Vippachedelhausen 14/15 F 3
Völkershausen 16/17 B 2
Vogelsberg, Gemeinde 14/15 FG 3
Vogelsberg, Mittelgebirge 28 C 3
Vogtei, Gemeinde 14/15 C 3
Vogtland 12/13 G 4
Voigtstedt 14/15 G 2
Volkmannsdorf 18/19 D 3
Vollmershain 18/19 G 2

Vorarlberg 28 CD 5
Vordere Heide 18/19 CD 3
Vordere Rhön 16/17 B 3
Vorpommern 28 E 1/2

W

Waake 14/15 B 1
Wachsenburggemeinde 16/17 E 2
Wachstedt 14/15 C 2
Wahlhausen 14/15 AB 2
Wahns 16/17 C 3
Wahrenbrück, Uebigau- 12/13 J 1
Waldau, Nahetal- 20 C 2
Waldenburg 18/19 H 2
Waldheim 12/13 HJ 2
Waldkappel 12/13 B 2
Waldsassen 12/13 G 5
Walkenried 14/15 D 1
Wallbach 16/17 C 3
Walldorf 16/17 C 3
Wallhausen 14/15 F 2
Walschleben 14/15 E 3
Waltershausen 16/17 D 2
Wanfried 14/15 B 3
Wangenheim 16/17 D 1
Warmensteinach 12/13 F 5
Warschau 32 F 3
Warza 16/17 D 2
Wartburg 8.1
Wartburgkreis 11 16/17 BC 2
Wasserkuppe 12/13 B 3
Wasserthaleben 14/15 E 2
Wasungen 16/17 C 3
Weberstedt 14/15 CD 3
Wechmar, Günthersleben- 16/17 DE 2
Wehnde 14/15 C 2
Wehre 14/15 A 3
Wehretal 14/15 AB 3
Weida, Fluss 18/19 F 3
Weida, Stadt 18/19 F 2
Weidatal, Auma- 18/19 E 3
Weidatalsperre 18/19 E 3
Weidenberg 12/13 F 5
Weidhausen 20 D 4
Weilar 16/17 B 2
Weimar, Stadt 18/19 C 2 27.2
Weimar, Stadtkreis 11
Weimarer Land, Landkreis 11 18/19 C 2
Weinberge 6.2
Weinbergen 14/15 D 3
Weinböhla 12/13 K 2
Weipert 12/13 J 3
Weira 18/19 D 3
Weischlitz 12/13 FG 4
Weismain 12/13 E 4
Weiße Elster 12/13 G 2
Weißenborn (bei Eisenberg) 18/19 E 2
Weißenborn (bei Eschwege) 14/15 B 3
Weißendorf 18/19 EF 3
Weißenfels 12/13 G 2
Weißensee 14/15 F 3
Weißer Main 12/13 F 4
Weißig, Gera- 27.4
Weißrussland 32 FG 3
Weitramsdorf 20 C 3
Wels 28 E 4
Werdau 18/19 G 3
Wermsdorf 12/13 HJ 2
Wernburg 18/19 D 3
Werningshausen 14/15 F 3
Werra 12/13 B 2
Werther 14/15 D 2
Werzstein 18/19 C 4
Wesel 28 B 3
Weser 28 C 2
Weseritz 12/13 HJ 4
Westerwald 12/13 C 2
Westgreußen 14/15 E 3
Westhausen (an der Nesse) 16/17 D 1
Westhausen (bei Hildburghausen) 20 B 3
Westhausen, Bodenrode- 14/15 B 2
Westsahara 34 J 4
Wethau, Fluss 18/19 E 1
Wethau, Ort 18/19 E 1
Wetterzeube 18/19 F 2
Wetzlar 28 C 3
Wickerstedt 14/15 H 3
Wieda, Fluss 14/15 D 1
Wieda, Ort 14/15 D 1
Wiegendorf 18/19 C 2
Wiehe 14/15 G 2
Wien 32 E 4
Wiesbaden 28 BC 3
Wiesenthal 16/17 B 3

Wildeck 16/17 A 2
Wildenbörten 18/19 G 2
Wildenfels 18/19 H 3
Wildetaube 18/19 F 3
Wilhelmshaven 28 BC 2
Wilkau-Haßlau 18/19 H 3
Willerstedt 14/15 G 3
Willmars 16/17 BC 3/4
Wilna 32 F 3
Windischbernsdorf, Gera- 27.4
Windischleuba, Ort 18/19 GH 1
Windischleuba, Talsperre 18/19 GH 1
Windleite 14/15 E 2
Windsberg 16/17 F 3
Wingerode 14/15 BC 2
Winterthur 28 C 5
Winzerla, Jena- 27.3
Wipfra 16/17 F 2
Wipfratal 16/17 E 2
Wipper (zur Saale) 12/13 E 1
Wipper (zur Unstrut) 14/15 E 2
Wipperdorf 14/15 D 2
Wippra, Sangerhausen- 12/13 E 1
Wisenta 18/19 E 3
Wismar 28 DE 2
Wittenberg 28 E 3
Witterda 16/17 E 1
Witzenhausen 12/13 B 2
Witzleben 16/17 F 2
Wölferbütt 16/17 B 2
Wölfershausen 16/17 C 4
Wölfis 16/17 E 2
Wöllnitz, Jena- 27.3
Wölmisse 18/19 D 2
Wohlsborn 14/15 G 3
Wolfen, Bitterfeld- 12/13 G 1
Wolfersdorf, Trockenborn- 18/19 D 2
Wolfsberg 18/19 F 3
Wolfsburg-Unkeroda 16/17 BC 2
Wolfsburg, Stadt 28 D 2
Wolkramshausen 14/15 D 2
Wollbach 16/17 B 4
Wollbrandshausen 14/15 B 1
Worbis, Leinefelde- 14/15 C 2
Wülfershausen, Osthausen- 16/17 F 2
Wüllersleben, Bösleben- 16/17 F 2
Wünschendorf 18/19 F 3
Würzburg 28 CD 4
Wüstheuterode 14/15 B 2
Wulfen 14/15 B 1
Wundersleben 14/15 F 3
Wunsiedel 12/13 FG 4
Wuppertal 28 B 3
Wurmberg 12/13 D 1
Wurzbach 18/19 D 4
Wurzen 12/13 H 2
Wutha-Farnroda 16/17 C 2
Wyhra 18/19 H 1

Z

Zagreb 32 E 4
Zedlitz 18/19 F 2
Zeithain 12/13 J 2
Zeitz 18/19 F 1
Zella (bei Bad Salzungen) 16/17 B 3
Zella-Mehlis 16/17 D 3
Zellerfeld, Clausthal- 12/13 C 1
Zentralafrikanische Republik 34 KL 5
Zeulenroda-Triebes 18/19 F 3
Zeulenroda, Talsperre 18/19 E 3
Ziegelheim 18/19 H 2
Ziegenhain, Jena- 27.3
Ziegenrück 18/19 D 3
Zimmerberg 8.1
Zimmernsupra 16/17 E 2
Zly Komorov 12/13 KL 1
Zöllnitz 18/19 D 2
Zörbig 12/13 G 1
Zorge, Fluss 14/15 D 1
Zorge, Ort 14/15 D 1
Zschopau, Fluss 12/13 HJ 3
Zschopau, Stadt 12/13 J 3
Zürich 28 C 5
Zürichsee 28 C 5
Zugspitze 28 D 5
Zwätzen, Jena- 27.3
Zwenkau 12/13 G 2
Zwickau 18/19 H 3
Zwickauer Mulde 12/13 H 2/3
Zwönitz 12/13 H 3
Zwötzen, Gera- 27.4
Zwolle 28 AB 2
Zypern 32 G 5